HORST ENDE

Güstrow

E.A. SEEMANN

LEIPZIG

AUFNAHMEN VON THOMAS HELMS

ISBN 3-363-00505-9

Der Name Güstrows hat bei den Kunstfreunden einen guten Klang. Architektur und bildende Kunst führen seit langem Besucher in diese mittelmecklenburgische Stadt. Viele kommen eigens das Werk des Bildhauers Ernst Barlach dort zu erleben, wo der Künstler länger als ein Vierteljahrhundert gelebt und gearbeitet hat.

Güstrow war in fast allen Perioden seiner mehr als 750jährigen Geschichte als politisches, wirtschaftliches und kulturelles Zentrum ein Ort von überregionaler Bedeutung. Für das Mittelalter legen heute neben zwei kleinen Kapellen der Dom und die Stadtpfarrkirche als architekturgeschichtlich wichtige Bauten mit einer zugleich wertvolle mittelalterliche Kunstwerke umfassenden Ausstattung eindrucksvolles Zeugnis ab.

Als die Stadt nach verheerenden Bränden zu Beginn des 16. Jahrhunderts neu erstand, fiel dieser Wiederaufbau ab 1556 mit dem Ausbau der hier errichteten Residenz der Herzöge von Mecklenburg-Güstrow zusammen. Neben den Massiv- und Fachwerkbauten der Bürgerschaft entstand am südlichen Stadtrand auf dem Areal der fürstlichen Burg das prachtvolle neue Schloß mit einer reichen Ausstattung und dem kunstvollen Garten. Die Angehörigen des Hofes etablierten sich im weiteren Umfeld des Schlosses und des zur Hofkirche gewordenen Domes ebenfalls in zumeist neu errichteten, dem niederländischen Vorbild verpflichteten Häusern.

Auf diese Blütezeit folgten mit dem Dreißigjährigen Krieg im 17. Jahrhundert und dem Nordischen und Siebenjährigen Krieg im 18. Jahrhundert Perioden wirtschaftlichen Niedergangs und kultureller Stagnation. Sie wurden in der zweiten Hälfte des 18. Jahrhunderts überwunden. In dieser Zeit wurde 1785 in Güstrow G. Fr. Kersting geboren, der zu einem der bedeutendsten Maler der deutschen Romantik zählt. Wenig später sind als äußeres Zeichen wiedergewonnener Prosperität zahlreiche Bürgerhäuser mit den für das Stadtbild typischen klassizistischen Fassaden versehen worden.

Bereits vor der Mitte des 19. Jahrhunderts begann die Stadt, über ihre mittelalterlichen Grenzen hinaus zu wachsen. Von stadtbildzerstörenden Neubauten blieb sie glücklicherweise auch während der Gründerjahre verschont.

1910 ließ sich hier der vornehmlich als Bildhauer bekannt gewordene Ernst Barlach nieder. Das ihm während seiner letzten Jahre angetane Unrecht, exemplarisch verdeutlicht an dem von den Nazis zu den Werken der „entarteten Kunst" gerechneten und deshalb aus dem Dom entfernten „Schwebenden", versuchte man nach 1945 durch die Schaffung der eindrucksvollen Gedenkstätte in der Gertrudenkapelle und später mit der Öffnung seines Hauses am Inselsee als Museum wieder gut zu machen.

Die im Zweiten Weltkrieg unzerstört gebliebene Stadt erlitt in den zurückliegenden Jahrzehnten empfindliche Einbußen an historischer Substanz, über die auch die glanzvolle Restaurierung des Schlosses hinwegtäuschen kann. Die Sicherung der historischen Strukturen ist deshalb die wichtigste Aufgabe der Gegenwart.

Stadtansicht von Westen

Stadtgründung und Stadtgrundriß

»Güstrow, von jeher eine der vorzüglichsten Städte Mecklenburgs und lange Zeit hindurch Hauptstadt und Residenz der Werleschen Fürsten und später der Herzoge von Meklenburg-Güstrow, ist auch gegenwärtig eine der bedeutendsten und der Einwohnerzahl nach die vierte Stadt im Lande, die Vorderstadt des wendischen Kreises...« Mit dieser freundlichen Beschreibung beginnt im Jahre 1856 der Chronist W. Raabe in seiner »Meklenburgischen Vaterlandskunde« die Darstellung der Stadt Güstrow. Abgesehen von den inzwischen veränderten gesellschaftlichen, statistischen und teilweise auch topographischen Verhältnissen ist seine Charakteristik immer noch in weiten Teilen zutreffend und mit Gewinn zu lesen. Nach der Einwohnerzahl ist Güstrow die fünftgrößte Stadt in Mecklenburg und ihrer landschaftlichen Einordnung kann man gern auch heute noch zustimmen, wenn Raabe weiter schreibt: »... So liegt die Stadt, man mag sich ihr nun nähern, von welcher Seite man will, recht anmuthig im Grünen (der wendische Name Guzstrowe ist am wahrscheinlichsten mit Grünberg zu übersetzen) mit ihren fruchtbaren Kornfeldern, trefflichen Wiesen, blinkenden Landseen und dunklen Tannen, von der Nebel, die hier einen aus dem Gutower See kommenden Bach aufnimmt, auf der östlichen und nördlichen Seite umflossen ... Die Ansicht von der Stadt ist am zierlichsten von der Schweriner

Chaussee aus, am weitläufigsten von der Schwaner Landstraße aus, am prunkendsten – durch Schloß und Justizcanzlei in der vordersten Linie – von der Goldberger Chaussee aus.«

Die Landschaft, in der die Stadt Güstrow liegt, ist von der letzten Eiszeit geformt worden, als sich hier die Schmelzwässer der abtauenden Gletscher sammelten und in dem breiten Niederungsgebiet mit Wiesen und Mooren zugleich auch Seen und Moränenzüge hinterließen. Im Nebeltal liegt dort, wo sich drei flache Landzungen nahe einer Furt zu einem günstigen Siedlungsplatz vereinen, die heutige Stadt Güstrow.

Ihre Anfänge sind bis heute nicht völlig erhellt. Sicher ist nur, daß am 3. Juni 1226 der seit 1219 als Mitregent seines Vaters wirkende, inzwischen todkranke und zwei Tage später verstorbene Fürst Heinrich Borwin II. in Güstrow ein Kollegialstift nach Hildesheimer Vorbild gründete und mit reichem Landbesitz beschenkte. Das Stift, das im Gründungsjahr im Bereich der Schweriner Diözese lag, wird bei diesem Akt von zehn Personen bezeugt, unter ihnen sind die Burgvögte von Güstrow und der Pfarrer des benachbarten Dorfes Lüssow. Für die Existenz der Stadt gibt es für 1226 keinen urkundlichen Beweis, erst zwei Jahre später wird sie als bestehend erwähnt. Es ist indes anzunehmen, daß ihre Gründung vor 1226 erfolgt ist, wahrscheinlich in den

Jahren zwischen Heinrich Borwins Regierungsantritt 1219 und seinem frühen Tod 1226; denkbar ist auch, daß sie der Einrichtung des Stiftes unmittelbar vorausging. Nach neueren Untersuchungen ist anzunehmen, daß es im Gebiet der heutigen Innenstadt keine über einen längeren Zeitraum bestehende slawische Siedlung gegeben hat, die als unmittelbarer Vorläufer der späteren Stadt angesehen werden kann. Auch die 1258 erstmals genannte **Burg** hat, wenn man den Erkenntnissen aus jüngeren Grabungen im Schloßbereich trauen darf, keine slawische Vorgängerin besessen. Das Jahr ihrer ersten Erwähnung hindert aber nicht, ihre Anlage ebenfalls in die Jahre der Gründung von Stift und Stadt zu legen. Die Stadt bekam bei ihrer Gründung das Stadtrecht von Schwerin, wie es der Sachsenherzog Heinrich der Löwe, als der eigentliche Eroberer Mecklenburgs, dieser Stadt verliehen hatte. Es wurde von mehreren Städten des späteren werleschen Herrschaftsbereiches ebenfalls übernommen. Daß die Stadt aber keineswegs in ein völlig menschenleeres Gebiet gelegt wurde, beweisen Funde aus neuerer Zeit im Gebiet nördlich der Nebel. Hier fanden sich Siedlungsspuren, die eine Lokalisierung des Ortes »Alt-Güstrow« zulassen, der erstmals 1258 im Zusammenhang mit einem Rechtsstreit zwischen dem Bischof von Schwerin und dem inzwischen dem Bischof von Cammin in Pommern unterstehenden Domkapitel genannt wurde. Die Kirche dieses Ortes war der Kollegiatsstiftskirche in Bützow zugeordnet. Bis zum 16. Jahrhundert nahm die Bedeutung »Alt-Güstrows« ständig zugunsten der verkehrsgünstiger gelegenen Stadt südlich der Nebel ab

und schließlich blieb nur die Kirche als einziger baulicher Zeuge bis ins späte 16. oder frühe 17. Jahrhundert erhalten. Warum es nicht zu einer Verschmelzung von »Alt-Güstrow« und der neuen Stadt zu einem Gemeinwesen kam, wie es vergleichbare Beispiele andernorts belegen, ist ungewiß. Wahrscheinlich steht dafür die Unmöglichkeit, das in einer schwer zu verteidigenden Hanglage angelegte »Alt-Güstrow« und die neue Stadt in ein einheitliches Fortifikationssystem zu bringen.

Gründung und Ausbau der Stadt Güstrow fallen also in das frühe 13. Jahrhundert, in eine durch politische Wirren und militärische Auseinandersetzungen gekennzeichnete Zeit. Ihr waren längere Kämpfe zwischen slawischen Stämmen vorausgegangen. Nach 1057 war das Gebiet um das spätere Güstrow, in dem bis dahin die Circipaner herrschten und ihre Hauptburg Bistede (Bölkow) lag, an die Obotriten gefallen, die damit ihren Herrschaftsbereich von der Unterelbe bis an die Peene ausgeweitet hatten. Ihrer weiteren Expansion wurde durch den Eroberungsfeldzug Heinrich des Löwen Einhalt geboten, der 1160 in das Obotritenland eindrang, um dieses Gebiet zur Stärkung seiner Hausmacht zu erobern. Mit der Herauslösung des Gebietes um das im gleichen Jahr gegründete Schwerin als eigene Grafschaft wurde ein wesentlicher Schritt in diese Richtung getan, andererseits spricht es für Heinrichs Realitätssinn, daß er den Söhnen des 1160 bei der Burg Werle gefallenen Obotritenfürsten Niklot, Pribislav und Wertislav, den um die Grafschaft Schwerin verkleinerten väterlichen Besitz zu Lehen gab. Selbst als

1164 unter Mitbeteiligung der slawischen Fürsten ein Aufstand gegen ihn losbrach, hielt er an dieser Politik fest. Zwar ließ er Wertislav hinrichten, erneuerte aber für Pribislav das Lehen und gab dessen Sohn Heinrich Borwin I. sogar seine Tochter Mechthild zur Frau. Als 1180 Heinrich der Löwe vom Kaiser seiner Länder für verlustig erklärt wurde und auch den Herzogtitel verlor, gerieten Circipanien und die angrenzenden Landstriche unter dänische Oberhoheit, von der sie erst 1227 durch die Schlacht bei Bornhöved wieder frei wurden. Von diesem Zeitpunkt an begann der zügige Ausbau des Landes in Verbindung mit Stadtgründungen und christlicher Missionierung.

So werden auch für die Gründung der Stadt Güstrow in einer topographisch günstigen Lage, an einem Kreuzungspunkt von Handelsstraßen nach Rostock, Wismar-Lübeck, Parchim-Grabow-Dömitz-Magdeburg, Parchim, Perleberg, Meyenburg-Wittstock bzw. Pritzwalk-Wilsnack und nach Malchin-Neubrandenburg-Prenzlau-Stettin, vor allem wirtschaftliche Gründe ausschlaggebend gewesen sein. Deshalb wählte man auch nicht das Vorgelände der an der Warnow gelegenen Burg Werle für die Anlage einer neuen Stadt, sondern den günstigeren Platz im Tal der Nebel. Bei dem Namen für die Stadt stand der altpolabische Begriff Guscerov (Eidechsenort) Pate, den man in Gustrowe bzw.

Stadtansicht nach Vicke Schorler (1585)

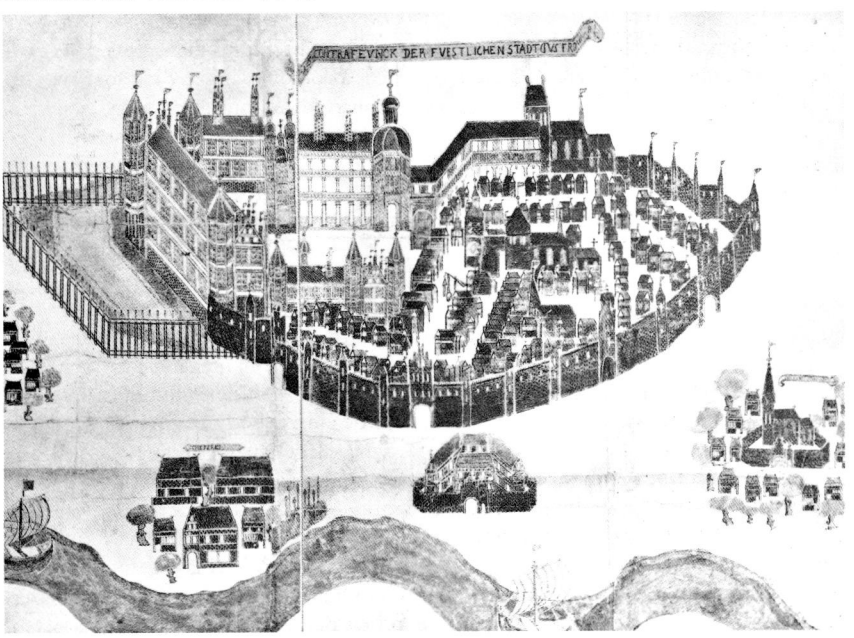

Guzstrowe abwandelte und der um 1500 durch die Aufnahme eines Umlautes zu Güstrow wurde. Das Wappen der Stadt, ein an einen Rosenbaum gelehnter Stier, ist aber mit Sicherheit von den werleschen Fürsten, die den Stierkopf ebenfalls im Wappen führten, der Stadt verliehen worden. Als sich nach dem Tode Heinrich Borwins I. 1227 seine vier Enkel den Besitz teilten, kam die Stadt 1229 zum werleschen Landesteil, dessen Herrscher seine Residenz auf die Güstrower Burg verlegte und damit das Ansehen der Stadt weiter stärkte. Bis 1436 blieb Güstrow der Hauptsitz dieser mecklenburgischen Herrschaft, erst dann fiel es an die seit 1348 den Herzogtitel tragenden und seit dem Jahre 1358 auf der Schweriner Burg residierenden Fürsten von Mecklenburg zurück und wurde mit den übrigen Landesteilen vereinigt. Die Geschichte der jungen Stadt war inzwischen nicht ungestört verlaufen. So hatte schon um 1230 der Bischof von Cammin Rechte auf den Ort geltend gemacht und sie schließlich beim Papst auch durchgesetzt, so daß es zur Eingliederung Güstrows in das Bistum Cammin gekommen war, was die Schweriner Bischöfe ihrerseits zur Gründung eines weiteren Stiftes im benachbarten Bützow angeregt hatte. Auch die kommunale Entwicklung war nicht konfliktlos, sah man doch z. B. in dem nördlich der Nebel gelegenen »Alt-Güstrow« einen Konkurrenten, dessen Nachbarschaft die Bürger der Stadt als Bedrohung empfanden, so daß sie beim Landesherren ihre Rechte geltend machten. Aus der Frühzeit der Stadt sind bauliche Anlagen mit Ausnahme der ältesten Teile des Doms nicht erhalten geblieben, aber ein aussagekräftiges Dokument ist der weitgehend unverändert gebliebene Grundriß der heutigen Innenstadt. Raabe zählte 1856 innerhalb der Stadtgrenzen 23 Straßen und Gassen sowie vier Plätze und einschließlich der Dom- und Schloßfreiheit 966 Häuser. Daran hat sich bis heute wenig verändert, sieht man davon ab, daß die von der Gründung der Stadt an bis weit ins 19. Jahrhundert hinein verwaltungsrechtlich nicht mit der Stadt verbundenen Bereiche um Schloß und Dom – eben deshalb als »Freiheit« bezeichnet – inzwischen in jeder Beziehung mit den übrigen Stadtgebieten gleichgestellt wurden.

Die von der ehemaligen Stadtbefestigung umgebene Fläche des inneren Stadtgebietes hat etwa die Form eines unregelmäßigen, von West nach Ost gedehnten Querovals, an das sich im Südwesten der Dom mit seinem Umfeld, im Südosten der Schloßbereich anschließen. Das Stadtgebiet ist von einem Raster sich annähernd rechtwinklig schneidender Straßen überzogen, in dessen Zentrum der rechteckige, ungewöhnlich große Markt ausgespart wurde; auf ihm haben, in einer für die mecklenburgischen Städte ungebräuchlichen Form, Rathaus und Pfarrkirche ihren Platz gefunden. Vom Markt aus waren die vier Tore der Stadt – das Gleviner im Südosten, das Mühlentor im Nordosten, das Schnoientor im Nordwesten und das Hageböcker Tor an der Westseite – direkt oder über leicht gekrümmte Straßen erreichbar. Der fortifikatorisch bedingte Grundsatz, keines der Tore in gerader Flucht mit einem anderen zu verbinden, wurde auch in Güstrow eingehalten.

Bei der Betrachtung des Stadtgrundrisses ist die Bedeutung des Marktplatzes augenfällig. Er war mit dem durch den Handel verbundenen Stapelrecht und -zwang der wichtigste öffentliche Freiraum der Stadt und ist auch in Güstrow ein Spiegelbild dieser wirtschaftlichen Funktion. Er ist von insgesamt acht Straßen direkt erreichbar. Ebenso mag als Beweis für die nach Unabhängigkeit trachtenden Bürger die Tatsache verstanden werden, daß sie zwischen Stadt und landesherrlicher Burg keine besondere städtebauliche Hervorhebung anstrebten. Der Stadtgrundriß läßt auch erkennen, daß das Straßenraster im westlichen Teil der Stadt enger als im mittleren und östlichen Teil ist. Vielleicht zeichnet sich darin bereits eine Trennung einzelner sozialer Schichten ab, denn in den folgenden Jahrhunderten wohnten die besser gestellten Bürger der Stadt vorwiegend im mittleren und östlichen Teil der Stadt. Eine eindeutige Bevorzugung der Ost-West-Straßen vor denen in Nord-Süd-Richtung, wie sie aus vielen anderen mecklenburgischen Städten bekannt ist, läßt sich in Güstrow nicht feststellen. Allerdings ist überliefert, daß die zu den Toren führenden Straßen, so die Mühlen- und Gleviner Straße ebenso wie Pferdemarkt und Hageböcker Straße, schon in mittelalterlicher Zeit prächtig ausgebaut waren. Gleviner und Mühlenstraße werden bereits 1303 bzw. 1313 genannt und gehören damit nebem dem Markt zu den ältesten überlieferten Straßennamen, von denen sich in Güstrow erfreulicherweise ein relativ großer Bestand erhalten hat, darunter auch solche wie die Hollstraße (ehemals Holstenstraße), aus denen sich Erkennt-

nisse über die Herkunft der städtischen Zuwanderer ableiten lassen. Nach den verheerenden Bränden der Stadt im frühen 16. Jahrhundert werden im Zusammenhang mit der Neubebauung fast alle späteren Straßennamen wiederholt genannt.

Um 1270 hatte die Stadt eine Befestigung in Form eines Plankenzaunes, und schon 1293 wird eine massive Mauer zum ersten Mal genannt. Sie war notwendig, um das städtische Territorium vor Angriffen der Ritterschaft aus der Umgebung zu schützen. Nach der Stadtgründung im 13. Jahrhundert und einer ersten Wachstumsphase baute die Stadt während des 14. Jahrhunderts ihre Stellung als wichtiger Handelsplatz aus und festigte sich zugleich als städtische Kommune unter dem Schutz des weiträumigen Ausbaus der Verteidigungsanlagen. Sie legte an den wichtigsten Verkehrsadern, nach Westen, Südosten und Nordosten, Landwehren an: die Bülower, Gleviner und Glasewitzer Burg, zu denen zwei weitere zwischen Insel- und Sumpfsee (Stüvete) und südlich der Heidberge (Grenzburg) kamen. Als sie später ihre fortifikatorische Bedeutung verloren, wurden sie in Pachthöfe umgewandelt und erhielten Schankkonzessionen, so daß sie besonders seit dem frühen 19. Jahrhundert zu beliebten Ausflugslokalen der Güstrower wurden. Als Ortsbezeichnungen existieren sie z. T. bis heute. Die Vergrößerung der wirtschaftlichen Macht begünstigte den um 1300 begonnene Ausbau der Stadtfeldmark durch den Erwerb von Ländereien und Dörfern. Die Stadt kaufte den Priemer und Klester Wald, übernahm den Gutower (Insel-)See und kaufte das Dorf Glevin, das sie legen und aufheben ließ (1375). In diesem Zusammenhang ist der Erwerb der stadtnahen Mühlen und die Übernahme des Dorfes Glasewitz (1449) zu sehen. Auch vom Landesherren, der wesentliche Rechte in der Stadt besaß, versuchte man ein gewisses Maß an Unabhängigkeit durch Abkauf zu erreichen, so als man im Jahre 1359 erfolgreich über die Befreiung vom landesherrlichen Zoll verhandelte.

Am Ende des Mittelalters sind für die Stadt acht Ämter nachgewiesen, darunter war das stärkste Gewerk das der Wollweber. Die Stadt handelte vor allem mit Tuchen, Bier (»Kniesenack«), Pferden und verarbeiteten landwirtschaftlichen Produkten. Ein Ausdruck der starken wirtschaftlichen Stellung der Stadt waren die zahlreichen Märkte und Messen. Güstrow wurde darin im Mecklenburgischen nicht übertroffen.

Die Stadtbefestigung

Vom mittelalterlichen Mauerring, der das Stadtgebiet seit dem ausgehenden 13. Jahrhundert umgab, sind nur geringe Reste erhalten geblieben: so ein Teilstück der Mauer im westlichen Bereich (Hageböcker Mauer), das durch spätere Überbauungen zum Teil unkenntlich wurde, ein kleines Reststück im Südosten (Gleviner Mauer) und der Unterbau eines runden Wiekhauses im nördlichen Abschnitt. Dem seit dem 18. Jahrhundert vom städtischen Scharfrichter bewohnten Fachwerkhaus über diesem Mauerrest verdankt es die Bezeichnung »**Armsünderturm**«. Besser als der Meriansche Stich aus der Mitte des 17. Jahrhunderts zeigt der Kupferstich von 1704 aus den »Analecta Güstroviensia« des Fridrich Thomas die damals noch weitgehend vorhandene mittelalterliche Stadtbefestigung. Sie bestand aus den bereits erwähnten vier Toren, die den in Neubrandenburg erhaltenen Anlagen ähnlich waren, und wie dort aus Vortor, Torturm und den sie verbindenden Zwingermauern gebildet waren. Während die quergelagerten Vororte in Güstrow keine aufwendig gestalteten Fronten besessen haben dürften, lassen die Tortürme Staffelgiebel erkennen und Blendengliederungen vermuten, so daß auch hier die Tore ein Spiegelbild städtischen Machtbewußtseins und Repräsentationsbedürfnisses waren. Den Toren waren Pulvertürme benachbart, die gleiche Aufgabe wie jene starken Mauertürme hatten, die

etwa auf halber Distanz zum nächsten Tor in die Mauer eingefügt wurden und ermöglichten, daß im Notfall der Transport von Pulver und anderen Verteidigungsmaterialien nicht zu aufwendig wurde. Die Abstände der in die Mauer eingefügten Wiekhäuser, die im östlichen Abschnitt durchweg halbrund, im westlichen Teil dagegen rechteckig und im nördlichen Bereich in beiden Gestalten vertreten sind, wurden jeweils von den Erfordernissen an die Verteidigungsfähigkeit der einzelnen Mauerabschnitte bestimmt. In das Verteidigungssystem waren die das Stadtgebiet tangierenden Abschnitte der Nebel und wasserführende Gräben einbezogen.

Im späten 16. und im 17. Jahrhundert machten sich neue Anlagen erforderlich, weil die mittelalterlichen Mau-

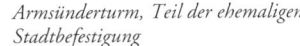

Armsünderturm, Teil der ehemaligen Stadtbefestigung

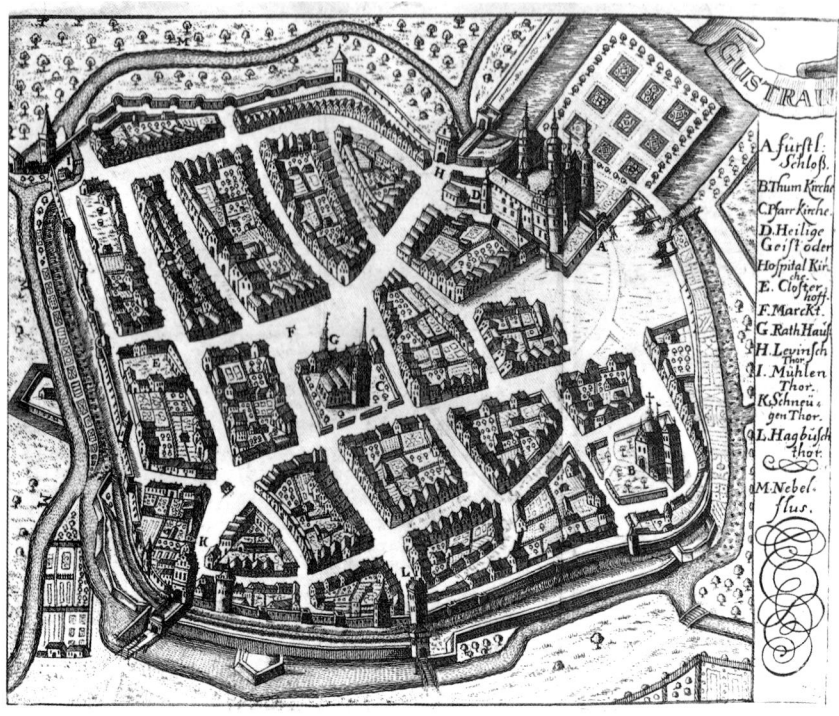

Vogelschaubild von 1704

ern allein den verbesserten Waffen nicht mehr standhielten. Vor allem waren Verstärkungen im Vorfeld der Befestigungen notwendig, die in Gestalt von mächtigen Bastionen und sie verbindenden Mauern in Mecklenburg zumeist von auswärtigen Baumeistern, die aus Holland, Italien oder Mittel- und Süddeutschland kamen, errichtet wurden. Eine Stadtansicht von 1726, aus Gustav Thieles Schrift zum 500jährigen Jubiläum der Stadt, gibt davon, ebenso wie die sogenannte Monroysche Karte von 1733, eine gute Vorstellung. Im späten 18. Jahrhundert wurden die erhaltenen

Teile der Befestigungen immer mehr zu Hindernissen des Verkehrs und durch ihren fortschreitenden Verfall infolge mangelnder baulicher Unterhaltung zu Gefahrenquellen für das Leben der Bürger. Sie wurden deshalb zu Anfang des 19. Jahrhunderts überwiegend durch zeitgemäße bescheidenere Toranlagen ersetzt. Nach der Mitte des Jahrhunderts wurden schließlich auch die Reste der Wälle und das befestigte Vorfeld mit Ausnahme der südwestlichen Bastion eingeebnet und als Promenade bzw. zur Anlage von Gärten genutzt.

Architektur und bildende Kunst
im Mittelalter

Für die Bautätigkeit im Mittelalter sind heute in der Stadt vor allem die erhaltenen Sakralbauten – **Dom, Pfarrkirche** und die **Kapellen zum Heiligen Geist** und **St. Gertruden** – ein Beleg. Die an den Straßen und Plätzen vom 13. bis zum frühen 16. Jahrhundert entstandenen öffentlichen und privaten Bauten sind späteren Stadtbränden zum Opfer gefallen, so daß wir in Bezug auf ihre Gestaltung und Bauweise auf Analogien und Vermutungen angewiesen sind.

Die ältere der beiden großen mittelalterlichen Kirchen Güstrows ist der **Dom**, dessen Grundlage die Stiftung aus dem Jahre 1226 war und der dabei der Gottesmutter Maria und der heiligen Cäcilie geweiht wurde.

Begonnen wurde der Backsteinbau wohl unmittelbar im Anschluß an die Gründung des Stiftes. Als Raumform für den neuen Bau wählte man eine dreischiffige kreuzförmige Pfeilerbasilika des gebundenen Systems mit gerade geschlossenem Rechteckchor und vorge–

setztem Westturm. Die Jahre der ersten Bauphase, das zweite Viertel des 13. Jahrhunderts, sind in Mecklenburg durch den Übergang von der Spätromanik zur Frühgotik gekennzeichnet. So verwundert es nicht, daß die frühesten Bauteile der Kirche, die beiden westlichen Chorjoche und das nördliche Querhaus, typische Kennzeichen des Übergangsstils aufweisen. Die nördliche Querhausfront wird von Ecklisenen gerahmt. Das hier befindliche **Stufenportal** sitzt in einer flachen Mauervorlage. Dieses Portal ist trotz mehrerer Restaurierungen immer noch eines der schönsten Beispiele des frühen mecklenburgischen Backsteinbaues. Noch ganz rundbogig, atmet es mit seinen klaren tektonischen Formen den Geist der ausgehenden Romanik. Über einem niedrigen Sockel sind in die Rücksprünge Dreiviertelsäulen eingestellt, die in einem von einem übergreifenden Kämpferband abgedeckten Kapitell enden. Die Archivolten weisen gleiche

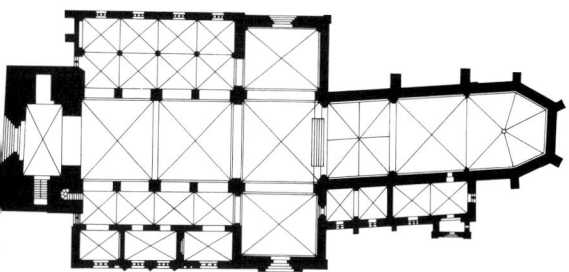

Dom, Grundriß (nach Schlie)

17

Formen auf. Die aus Reihen aufrecht gestellter bzw. liegender Läufersteine bestehende äußere Rahmung unterstreicht die Kostbarkeit des Portals.

Spätromanische Formen finden sich ebenfalls am Giebel des nördlichen Querhauses. An seinen Schrägen steigt ein Fries aus Rundbögen empor und die Giebelfläche ist mit vertieften Kreuz-, Rauten- und kleinen einteiligen Blenden gefüllt, dazu kommt eine Stromschicht mit bekrönender Rundbogenleiste. Einen kleinen Schritt weiter ging der Architekt bei der Ausbildung der Fenster in den Seitenwänden der beiden westlichen Chorjoche und im nördlichen Querhaus. Obwohl sie mit Ausnahme des Nordfensters des ersten Chorjoches im 19. Jahrhundert rekonstruiert wurden, darf man ihre Form als authentisch betrachten. Es sind gestaffelte Dreifenstergruppen mit angespitzten Abschlüssen, die bei aller Hinwen-

Dom, nördliches Querhausportal

dung zur frühen Gotik ihre Grundform als in die Wände eingeschnittene Öffnungen nicht verleugnen können.

Für das Jahr 1243 – zu diesem Zeitpunkt ist die Stiftung von Kerzen für den Dom überliefert – darf auf das Vorhandensein eines nutzbaren Raumes geschlossen werden. Er könnte aus den beiden inzwischen gewölbten Chorjochen, der Vierung und dem nördlichen Querhausarm bestanden haben. Dafür spricht auch die Gestalt des Gewölbes im westlichen Chorjoch, ein achtteiliges Domikalgewölbe. Seine runden Rippensteine setzen auf gebündelten Wanddiensten auf, die unten auf Basen mit Eckblättern, oben in Knospenkapitellen enden. Vermutlich war auch das zweite frühe Chorjoch in dieser Form eingewölbt, doch ging das Gewölbe bei der späteren Erweiterung des Chores nach Osten verloren.

Mit 1275 ist ein weiteres Datum für die Baugeschichte des Domes überliefert, die Stiftung von Nebenaltären. Sie könnte für das inzwischen fertiggestellte, wohl aber noch ungewölbte Querhaus erfolgt sein. Das Portal des südlichen Armes spräche mit seinen Detailformen für diese Zeit, obwohl es sich insgesamt deutlich an der Gestalt des Nordportals orientiert. Es ist wie jenes in eine flache Mauervorlage gesetzt und auch der niedrige Sockel, das Kämpferband und die äußere Rahmung aus Läufersteinen wiederholen Details von der Gegenseite. Für die spätere Entstehung des Portals sind aber solche Indizien wie die Form der Knospenkapitelle und die deutliche Zuspitzung der im Bogenfeld befindlichen Teile in Anspruch zu nehmen. Bei diesem schrittweisen Vorgehen kann es nicht verwundern, daß

Dom, Ansicht von Nordosten

das Querhaus auch im Inneren keine einheitliche Ausprägung erfuhr. Sicher war es 1275 noch ungewölbt. Während man die Vierung durch die Anlage kräftig ausgebildeter Gurtbögen betonte, wurden in den Armen bereits Vorbereitungen für eine später durchzuführende Wölbung getroffen. So erhielt der nördliche Querhausarm Dienstbündel, die jedoch weder durch Basen noch durch Kapitele ergänzt wurden, während dagegen die Runddienste im südlichen Arm in halber Höhe auf stilisierten Blattkonsolen ansetzen und in Knospenkapitellen enden.

Für das Baugeschehen am Langhaus sind schriftliche Quellen kaum zu finden. Lediglich im Jahre 1293 wird vom begonnenen Bau berichtet. Zu dieser Zeit dürften nur die unteren Partien der Umfassungswände und der Pfeiler gestanden haben. Eine Beschleunigung des Baues machte aber ein Vermächtnis des im gleichen Jahr verstorbenen Dompropstes Gottfried möglich. Jedenfalls waren um 1310 bereits die Gewölbe des Mittelschiffes vollendet, wie urkundliche Nachrichten belegen und wie es auch die Wappentiere der beiden Stifter, Nikolaus II. von Werle und seine dänische Gemahlin, an den Konsolen des zwischen den beiden Langhausgewölben befindlichen Gurtbogens bezeugen. Für die Belichtung des Mittelschiffes sorgen dreiluchtige, in Spitzbogenblenden sitzende Fenster mit Rücksprungleibungen, die erst bei der Restaurierung von 1866 nach unten

Dom, Ansicht von Südosten

Dom, Inneres nach Westen

Dom, Nordkapelle, Inneres nach Westen

verlängert wurden. Die Verbindung des Mittelschiffs zu den Seitenschiffen vermitteln außerordentlich niedrige spitzbogige Arkaden. Wahrscheinlich ist auch die Einwölbung des Querhauses in dieser Zeit erfolgt, selbst wenn die frühgotisch empfundenen Birnstabrippen an eine frühere Ausführung denken lassen. 1355 wurde der Bau durch den zuständigen Bischof aus Cammin geweiht und der Hochaltar aufgestellt. Zu diesem Zeitpunkt war der dem Langhaus querriegelartig vorgelegte Westturm noch in einem relativ zurückgebliebenen Stadium seines Baues; denn es waren nur die unteren Partien mit dem Granitsockel, dem reich gegliederten Gewändeportal und den seitlichen tiefliegenden Fenstern vollendet.

In der zweiten Hälfte des 14. Jahrhunderts war das Domkapitel auf 25 Kanoniker angewachsen, so daß eine Erweiterung des Chores beschlossen und noch vor Ende des Jahrhunderts in Angriff genommen wurde. Man legte die bisherige Ostwand nieder und fügte ein weiteres Joch mit einem dreiseitigen Abschluß an. Vermutlich stürzte während dieser Arbeiten das Gewölbe

des angrenzenden, heutigen mittleren Chorjoches ein, so daß sich seine Wiederherstellung zusammen mit der Einwölbung der neuen Ostteile erforderlich machte. Wahrscheinlich ist zur gleichen Zeit auch die zweischiffige vierjochige Halle an der Nordseite des Langhauses errichtet worden; ihre Existenz ist für 1388 bezeugt. Sie entstand unter Mitverwendung von Teilen des nördlichen Seitenschiffes, wie die Gewölbeschmuckscheiben mit ihrem Blattdekor aus der Mitte des 14. Jahrhunderts erkennen lassen. Die Kreuzrippengewölbe des Raumes werden von monolithischen Granitsäulen mit schlichten Basen und Kapitellen getragen.

Außen bereichert die Nordhalle das Bild des Domes durch die vier selbständigen Satteldächer und die stark restaurierten, aber dekorativ wirkenden Giebel mit reichem Blendenschmuck. Ebenfalls in der zweiten Hälfte des 14. Jahrhunderts war auch der Bau des zweiten Turmobergeschosses im Gange, das nicht die großflächigen zweiteiligen Blenden des darunterliegenden Geschosses wiederholt, sondern eine plastischere Form wählt.

Zur Gewinnung von weiteren Räumlichkeiten sind im späten 14. und frühen 15. Jahrhundert häufiger An- und Umbauten erfolgt. Am Ende des 14. Jahrhunderts wurden an das südliche Langhausseitenschiff als Stiftung zwei Kapellen angefügt, denen wenig später eine dritte an der Westseite folgte. Gegen 1500 setzte man den beiden älteren ein Obergeschoß zur Aufnahme der Bibliothek auf. Etwa gleichzeitig ist auch der Abschluß des Turmbaues erfolgt. Man errichtete über den Schmalseiten im Norden und Süden noch einen niedrigen, von Spitzbogen- und Kreisblenden geschmückten Aufbau und setzte darauf ein Krüppelwalmdach; eine für Kirchtürme nicht alltägliche Lösung, die sich aber im Güstrower Umland ein weiteres Mal an der Dorfkirche zu Recknitz findet.

In seiner heutigen Gestalt ist der Dom allerdings stark von einer Restaurierung in den Jahren 1865 bis 1868 geprägt. Sie war durch Schäden an den Chorgewölben notwendig geworden und wuchs sich unter der Leitung des mit der Wiederherstellung beauftragten Baumeisters Koch zu einer umfassenden Restaurierung aus, bei der auch erhebliche Eingriffe an der Architektur vorgenommen wurden. Wie auch anderen-

orts war man der Meinung, die Aufschichtung historisch gewachsener Zustände zugunsten einer Wiederherstellung des vermutlichen Urzustandes beseitigen oder dämpfen zu müssen. Diese Rekonstruktionsmaßnahmen galten vor allem den ältesten Teilen im Bereich des Chores und Querhauses, betrafen aber auch jüngere Bauglieder wie die Fürstengruft und die Sakristei aus der Zeit um 1500. Von der einstigen reichen Ausstattung des Domes aus mittelalterlicher Zeit ist heute nur ein kleiner Teil noch erhalten. Vieles ging durch Vernachlässigung zugrunde, weil es nach der Reformation seine liturgische Bedeutung verloren hatte, anderes wurde bei der Einrichtung des

Dom, Hochaltar, Festtagsseite

Domes zur Hofkirche in den Jahren
von 1565 bis 1568 entfernt.

Zum wertvollsten Kunstbesitz gehört
der an seinem angestammten Platz ver-
bliebene ehemalige **Hochaltar**, eines der
größten spätmittelalterlichen Retabel in
Mecklenburg. Er wurde um 1500 als
Stiftung der herzoglichen Brüder
Magnus II. und Balthasar aufgestellt
und entstammt vermutlich einer
Rostocker Werkstatt. Der Altaraufsatz
ist ein Pentaptychon, d. h. an seinem
Schrein sind beidseitig je zwei Paar be-
weglicher Flügel befestigt. Die Mitte des
Schreins füllt eine figurenreiche Kreuzigungsdarstellung. Unter den Personen
beim Kreuz sind zu Seiten des Landes-
wappens auch die herzoglichen Stifter
wiedergegeben. Neben der Kreuzigungsszene stehen, ebenfalls noch im Schrein,
je drei Figuren unter hohen Maßwerk-
baldachinen, unter ihnen in einer

Dom, Hochaltar, Tafelmalerei
Madonna, Johannes Ev.

Abendmahl, Gethsemane

24

Sockelzone entsprechende Sitzfiguren. Da sich diese Anordnung in den Kastenflügeln fortsetzt, rahmen die Kreuzigung insgesamt jeweils 16 Stand- und Sitzfiguren. Werden die Kastenflügel geschlossen, sind 16 Bilder mit der Passionsgeschichte sowie Darstellungen des ungläubigen Thomas, der Himmelfahrt und der Ausgießung des Heiligen Geistes sichtbar. Auf den Außenseiten der Malflügel sind unter Doppelarkaden vier Ganzfiguren dargestellt – die Patrone des Domes: Maria, Johannes und Cäcilie sowie Katharina. Zum ikonographischen Programm des Altares gehört auch die bemalte Predella mit der Halbfigur des Schmerzensmannes und den hier abweichend von den üblichen Darstellungen wiedergegebenen Kirchenvätern.

Dom, ehemaliges Triumphkruzifix

Dom, ehemaliger Levitenstuhl

Die kunstgeschichtliche Einordnung des Altaraufsatzes ist schwierig. Bei den Schnitzwerken dachte man lange an einen Künstler aus dem Umkreis des Hinrik Bornemann, doch spricht der breite und bäuerliche Typus der Gesichter stärker für eine Entstehung in Rostock. Einflüsse aus anderen Kunstlandschaften werden aber bei den Tafelmalereien deutlich. So scheinen die ausgezeichnete, die Individualität der Personen treffend interpretierende Malerei der Predella und auch die Passionsdarstellungen ohne die Kenntnis der westfälischen Tafelmalerei des späten 15. Jahrhunderts und der zeitgenössischen norddeutschen und niederländischen Kunst undenkbar. Die Heiligengestalten der Außenflügel lassen bereits erste Anklänge an die Renaissance erkennen, ebenso die rahmende Architektur und die einen eigenen Stellenwert anstrebende landschaftliche Kulisse.

Von der mittelalterlichen Triumphkreuzgruppe aus der Zeit um 1370 blieb nur der monumentale **Kruzifixus** erhalten. Die Fassung des Eichenholzschnitzwerkes ging spätestens im 19. Jahrhundert verloren. An dem mit Blattkrabben besetzten und durch Evangelistensymbole bereicherten Kreuz hängt der nur wenig aus der Vertikale gebrachte Körper Christi mit beinahe ornamental wirkenden Rippen und ebenso gestalteten Lendentuchfalten. Entstanden ist das Bildwerk in Norddeutschland.

Aus den Jahren um 1400 stammt der **Levitenstuhl**, von dem nur die beiden Seitenwangen mittelalterlich sind. Auf ihnen sind außen je fünf Relieffelder übereinander angeordnet. Während die Marienseite die vier Freuden der Gottesmutter schildert, enthält die Christusseite Passionsmotive. Die Szenen sind unter kielbogige, an der Marienseite verdoppelte Maßwerkarkaden gestellt und lassen räumliche Andeutungen vermissen. Stilistisch erinnern sie an Werke des Meisters Bertram, etwa an den drei Jahrzehnte älteren Kreuzaltar in der Klosterkirche zu Doberan.

Eine Kostbarkeit aus dem 14. Jahrhundert ist ein bronzener **Türklopfer**. Er besteht aus einem von einer Weinlaubranke umgebenen bärtigen Männerkopf; als Klopfring fand ein keltischer Halsring (torques) Verwendung.

Die bekanntesten spätmittelalterlichen Kunstwerke des Doms sind zweifellos die zwölf **Apostelfiguren**, die jetzt unter den Arkaden des Langhauses stehen. Ob sie ursprünglich als Schmuck eines Lettners, einer Chorschranke oder gar als Teile eines Altaraufsatzes gedacht waren, ist ungeklärt. Mit Ausnahme der bereits um 1500 entstandenen Johan

Dom, Türklopfer

nesfigur sind es Werke aus der Zeit um 1530. Ihre manierierten und ekstatischen Bewegungen, ihre kühne Faltengebung und der hagere Menschentyp unterscheiden sie deutlich von den zeitgenössischen Werken der mecklenburgischen Plastik. Am ehesten ergeben sich Verbindungen zum Werk des in Lübeck geborenen Claus Berg, der sich an süddeutschen Meistern wie Veit Stoß schulte und vor allem in Dänemark arbeitete. Als er das Land 1532 verließ, wandte er sich möglicherweise nach Güstrow, wo ihm das katholisch gesinnte Domkapitel den Auftrag für die Apostel gegeben haben könnte. Die ungefaßten Bildwerke, deren hoher künstlerischer Wert lange verkannt wurde, haben vorbildhaft gewirkt. In den Altaraufsätzen von Wittstock/Dosse und Lancken bei

Parchim stehen unzweifelhaft von den Güstrower Domaposteln beeinflußte Gestalten.

Das älteste Kunstwerk des Domes ist die aus gotländischem Kalkstein im 13. Jahrhundert gemeißelte **Fünte**. Ihre Kuppa ist an der Außenseite mit kleeblattartigen Arkaden besetzt, die Zwickel sind mit Drei- und Vierpässen gefüllt. Fuß und Schaft sind verlorengegangen und bereits im 19. Jahrhundert durch einen vierseitigen Unterbau ersetzt worden.

Die **Pfarrkirche**, der zweite große mittelalterliche Kirchenbau Güstrows, ist nachhaltiger als der Dom in seiner heutigen Gestalt von einer Restaurierung des späten 19. Jahrhunderts geprägt worden. Die urkundlichen Nachrichten über den Bauablauf im Mittelalter fließen spärlich. Obwohl man annehmen darf, daß mit dem Bau einer Pfarrkirche unmittelbar nach der Stadtgründung begonnen wurde, erfolgte die erste Erwähnung 1308.

Hinweise auf die Gestalt des vermuteten ersten Baues aus dem 13. Jahrhundert gibt es nicht, und auch der im 14. Jahrhundert errichtete Neubau ist durch die Restaurierungsmaßnahmen von 1880 bis 1883 stark verändert worden. Ein Blick auf ältere Stadtansichten gibt keine weiteren Aufschlüsse. Auf der Stadtdarstellung Vicke Schorlers von 1585 findet sich ein quadratischer Turm mit niedrigem Spitzhelm, den Merians Stadtansicht von 1653 wiederholt. An ihn schließen sich hier zwei gleichhohe Schiffe an, von denen das südliche einen Dachreiter trägt. In einem Bild der Stadt von 1704 trägt der Turm einen barocken Aufsatz, hinter bzw. nördlich von ihm sind zumindest

Dom, Apostel Jacobus der Ältere

Dom, Apostel Jacobus der Jüngere

drei Schiffe mit Staffelgiebeln an den Westseiten zu erkennen. Zusammen mit den Baumaßnahmen vor Beginn des Umbaues 1880 läßt sich so die vermutliche Gestalt der Kirche vor dem Brand von 1503 rekonstruieren. Wahrscheinlich war sie als dreischiffige Hallenkirche mit geradem Ostschluß begonnen worden und zu Beginn des 14. Jahrhunderts erst im Mittel- und nördlichen Seitenschiff fertiggestellt, als man nach einer Planänderung an diese beiden Teilräume zwei niedrigere Seitenschiffe anfügte. Nach dem Stadtbrand von 1503 erhielt der stark beschädigte Bau neue Dächer und in den beiden hohen Schiffen sowie im Turm Netzgewölbe; an der Südseite wurde zwischen Sakristei und Turmkapelle ein fünftes Schiff angefügt. Ein Charakteristikum des Baues waren separate Satteldächer über einzelnen Schiffen.

Bei dem Umbau von 1880 bis 1883

unter Leitung von Georg Daniel war man bestrebt, den dreischiffigen Hallenraum der vermuteten mittelalterlichen Gestalt der Kirche zurückzugewinnen. Deshalb mußte man zunächst drei der insgesamt fünf Schiffe abbrechen; an die Stelle der beiden niedrigen südlichen trat ein neues nach dem Vorbild des beibehaltenen nördlichen. Das äußere nördliche Seitenschiff verschwand ebenfalls, in der Flucht seiner Pfeiler steht jetzt die nördliche Wand. Die Sakristei und Kapellenanbauten sind ebenfalls neu erbaut oder stark restauriert worden. Eine Zutat ist gleichfalls das neugotische Turmportal mit seinem hohen Wimpergaufsatz.

Am auffälligsten ist am heutigen Außenbau die Lösung mit den drei parallel liegenden Satteldächern, von denen das mittlere am östlichen Ende von einem schlanken Dachreiter bekrönt wird. Die durch diese Dachlösung ent-

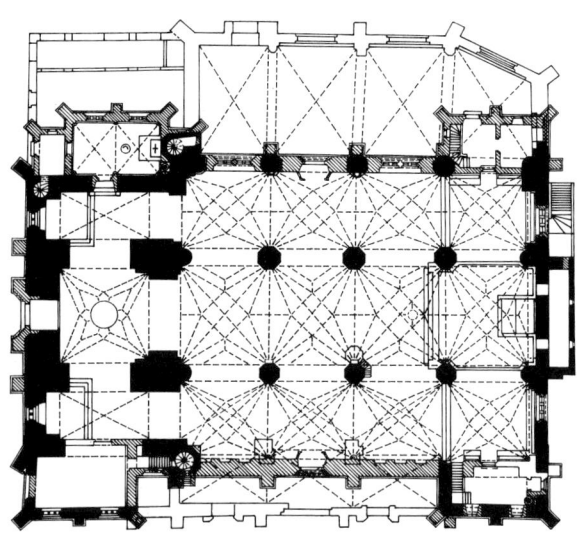

Pfarrkirche,
Grundriß (nach Schlie)

Pfarrkirche, Ansicht von Südosten

standenen drei Giebel über der geraden östlichen Umfassungswand sind durch Blenden gegliedert. Allein der mittlere mit seiner unteren Reihe aus spitzbogig-einteiligen Blenden, der von vier Kreisblenden begleiteten Mandorla – wohl eine Übernahme aus mittelalterlichen Darstellungen des Weltenrichters und der vier Evangelisten –, und dem bekrönenden vertieften Kreuz geht auf ein mittelalterliches Vorbild zurück. Auch die überaus reichen Gliederungen der Staffelgiebel der Schiffsanbauten sind Neuschöpfungen aus der Restaurierungsphase, ebenso wie die hohen vierluchtigen Maßwerkfenster in den Seitenschiffswänden und der aus Vier-

pässen und auf Konsolen ruhenden Dreipässen gebildete Trauffries. Wirklich unangetastet blieb wohl nur die Gestaltung der Turmobergeschosse. Hier finden sich mit Ausnahme der Ostseite je vier zweiteilige, im Gewände reich profilierte Spitzbogenblenden mit Maßwerkrosetten im Scheitel; über ihnen verläuft ein Vierpaßfries. Die sich aus einer flach gebösten Haube über einer Einschnürung zu einer gedrückten achtseitigen Zwiebelhaube entwickelnde Turmbekrönung wird von einer offenen Laterne mit Spitzhelm abgeschlossen. Sie ist eine Schöpfung des ausgehenden 17. Jahrhunderts. Die Haube stellt das städtebaulich wirkungsvollste barocke

Element in der reich konturierten Güstrower Silhouette dar.

Das **Innere** der Pfarrkirche prägen zwei Reihen von achtseitigen Pfeilern mit glatten Sockeln, bemalten Kämpferzonen und einem profilierten Abschlußgesims, auf dem die an der Nord- und Südseite unterschiedlich profilierten Arkadenleibungen aufsetzen. Die Sterngewölbe der drei Schiffe ruhen in den Seitenschiffen auf flachen, bis zum Boden herabgeführten Wandvorlagen; im Mittelschiff sind lediglich die Gurtrippen auf kurze, von Konsolen abgestützte Dienste gestellt.

Mit ihrem reichen Bestand mittel- und nachmittelalterlichen Inventars gehört die Güstrower Pfarrkirche zu den bestausgestatteten Kirchen Mecklenburgs.

Pfarrkirche, Ansicht von Südwesten

Das bedeutendste ihrer Kunstwerke ist zweifellos der große ehemalige **Hochaltar**. Nach einer Nachricht von 1632 wurde er 1522 an seinem heutigen Platz aufgestellt. Mit großer Wahrscheinlichkeit ist er eine Stiftung der aus frommen Laien bestehenden Katharinenbruderschaft. Warum dieser lukrative Auftrag nicht an eine der leistungsfähigen Lübecker Werkstätten, sondern an die von Jan Borman in Brüssel vergeben wurde, wird sich kaum noch aufklären lassen. Der Güstrower Altar ist übrigens das einzige von Borman signierte Werk: an der Schwertscheide des rechts vor dem Kreuz stehenden Kriegsknechtes ist sein Name zu lesen. Weitere sieben Prägestempel mit der Bezeichnung »Bruessel« an mehreren Stellen des Aufsatzes verbürgen seitens der Stadt die sorgfältige, den Zunftstatuten entsprechende Ausführung. Jan Borman hat sich in den Jahren zwischen 1479 und 1520 in Brüssel aufgehalten. Zugeschrieben werden ihm auch der ehemals in der Löwener Georgs-Kapelle aufgestellte Altar und mehrere Schnitzaltäre in Schweden.

Der Güstrower Altar ist als Pentaptychon angelegt. An seinem Schrein sind Kastenflügel mit Schnitzwerken an der Innenseite und Malereien an der Außenseite sowie ein weiteres Paar Malflügel befestigt. So konnten drei voneinander unabhängige Bildprogramme konzipiert werden. Predella und Gesprenge stehen in keinem thematischen Zusammenhang zu den Darstellungen im Schrein und auf den Flügeln. Der Schrein enthält als zentrale Darstellung die Kreuzigung Christi, ein in der Spätgotik und besonders auch in Norddeutschland weit verbreitetes Motiv.

Pfarrkirche, Inneres nach Osten

Seitlich schließen sich, auf die Kasten-flügel übergreifend, in zwei Reihen übereinander weitere zwölf Szenen aus der Passion Christi an, beginnend beim Abendmahl und endend mit dem Ostergeschehen sowie der zeitlich später einzuordnenden Himmelfahrt Christi. Sämtliche Szenen sind dadurch, daß in der vorderen Ebene vollplastische und im Mittelgrund ins Halbrelief überge-hende Personen angeordnet wurden, rä-umlich erlebbar. In den beiden unteren Darstellungen des rechten Flügels sind, vom sonst üblichen Schema abwei-chend, mehrere szenische Begebenhei-ten vereinigt. Diese Schnitzereien wer-den dem in der väterlichen Werkstatt

mitarbeitenden Sohn Pasquier auf Grund stilistischer Vergleiche zuge-schrieben.

Der Güstrower Altar ist ein charakte-ristisches Werk der Spätgotik. Die Bild-inhalte, die farbige Fassung der Figuren, der von Gold geprägte Hintergrund und das krause Maßwerk sind Elemente mittelalterlichen Gestaltens. In der mei-sterhaften Beherrschung der Perspektive und der Brechung des gotischen Verti-kalismus, was sich beim Maßwerk durch die Unterlegung eines Querbal-kens abzeichnet, kündigen sich Gestal-tungsabsichten der Renaissance an. Diese werden Barent van Orley zugeschrieben, einem ebenfalls in Brüs-

Pfarrkirche, Hochaltar, Festtagsseite

beiden Hauptpersonen, der Maria und des Engels, im Gestus und den gestalterischen Details auch noch ganz mittelalterlich, so sind Teile der Architektur und des Interieurs (Lesepult) schon renaissancistisch ausgeformt und lassen Orleys Kenntnis der italienischen Kunst erkennen.

Das aus 14 Figuren bestehende Gesprenge ist zwar zusammen mit dem Altaraufsatz entstanden, enthält aber Einzelfiguren, die stilistisch nicht mit Bormans Werk übereinstimmen. Vermutlich sind diese Figuren, neben dem Schmerzensmann und der schmerzensreichen Maria weitere Heilige, die Reste eines älteren Aufsatzes von eben

Pfarrkirche, Hochaltar, Tafelmalerei (Madonna)

Pfarrkirche, Hochaltar, Schnitzrelief (Gethsemane)

sel tätigen und wohl gelegentlich mit Borman eine Werkstattgemeinschaft bildenden Maler. Die erste Wandlung zeigt auf den Rückseiten der Kastenflügel die Verkündigung an Maria (links) und das Martyrium der heiligen Katharina (rechts), auf den äußeren Flügeln dazu die ganzfigurigen Darstellungen der Gottesmutter bzw. der populären Heiligen, deren Legende sich die Bruderschaft neben der Mariendarstellung malen ließ.

Orley hat das Thema der Verkündigung, dem weitere Begebenheiten aus dem Marienleben im Hintergrund als kleinere Darstellungen zugeordnet sind, in eine Vorhalle mit weiten Ausblicken in die Landschaft verlegt. Ist der Stil der

Pfarrkirche, Mondsichelmadonna

Pfarrkirche, Pietà

falls niederländischer Herkunft, die vom Auftraggeber mit in die Gestaltung eingebracht wurden. So erklärt sich wohl auch die nicht völlig ausgewogene Proportionierung des Gesprenges, das allerdings im 19. Jahrhundert nach älteren Resten weitgehend erneuert wurde.

Die Predella enthält die Figuren von Christus und den zwölf Aposteln. Zu Seiten der als Einzelfigur aufgefaßten Gestalt Christi sind jeweils zwei Personen unter einer Doppelarkade aufgestellt. Zum mittelalterlichen Kunstgut der Kirche gehört auch eine **Pietà** des frühen 15. Jahrhunderts. Das heute ohne farbliche Fassung stehende

Holzbildwerk läßt aber die schmerzvolle Beziehung von Mutter und Sohn kaum weniger deutlich zum Ausdruck kommen, als eine farbig gefaßte Plastik. Stilistische Details wie die Korkenzieherlocken der Maria sprechen für die oben gegebene Datierung.

Um 1500 ist ein Schrein entstanden, in dem vor einem reich mit Sternen durchsetzten Strahlenkranz die für die Spätgotik typische Gestalt der **apokalyptischen Madonna** Aufstellung gefunden hat. Gewandstil und hohe künstlerische Qualität deuten auf ihre Herkunft aus einer der zeitgenössischen lübischen Werkstätten hin.

Wenig später fand in der Kirche ein monumentales Kunstwerk seine Aufstellung, eine **Triumphkreuzgruppe** auf einem Balken zwischen dem östlichen Pfeilerpaar. Nach dem Pfarregister ist sie 1516 in die Kirche gekommen. In der Barockzeit den damaligen Gepflogenheiten entsprechend durch eine Marmorimitation zeitgemäß aufgearbeitet, stellte man sie im 19. Jahrhundert beiseite. 1908 kamen zunächst der Kruzifixus und die beiden Assistenzfiguren, 1929 dann auch die Gestalten von Adam und Eva zurück in die Kirche. Die aus fünf Gestalten bestehende Triumphkreuzgruppe ist theologisch leicht zu begründen, dennoch fand diese Zusammenstellung nur selten Eingang in die bildende Kunst. Dabei erschienen die Ureltern als die Verkörperung der sündigen Menschheit, die das am Kreuz endende Erlösungswerk Christi notwendig gemacht hat. So ist das Kreuz in der Güstrower Gruppe durch seinen Krabbenbesatz als Lebensbaum definiert, während die Evangelistensymbole an den Balkenenden die Wahrheit der christlichen Überlieferung bezeugen. Entstanden ist das Werk mit Sicherheit in einer heimischen Werkstatt, wahrscheinlich im nahen Rostock. Für eine solche Zuordnung sprechen deutlicher als die Figur des Gekreuzigten die derben Gestalten der Assistenzfiguren mit ihrer statuarischen Haltung und auch die offensichtlichen Unsicherheiten bei der anatomischen Wiedergabe von Adam und Eva.

Das Bild der mittelalterlichen Güstrower Sakralbauten runden zwei kleine Kapellen ab, die im 14./15. Jahrhundert errichtet wurden. Die ältere ist die **Heilig-Geist-Kapelle**, ursprünglich

Teil eines nahe dem Gleviner Tor innerhalb der Stadt errichteten Hospitals, in dem nach den mittelalterlichen Gepflogenheiten Angehörige der Stadtarmut, aber auch Reisende medizinisch versorgt wurden. 1525 finden hier die ersten evangelischen Gottesdienste in Güstrow statt und nach der Einrichtung des Landarbeitshauses im Schloß zu Beginn des 19. Jahrhunderts wird sie dessen Kirche. Schon die älteren Stadtansichten zeigen sie als kleinen rechteckigen Bau mit Dreieckgiebeln im Osten und Westen. 1863 hat eine Restaurierung, die außen mit einem Verputz des Gebäudes verbunden war, der Kapelle viel von ihrem ursprünglichen Reiz genommen. Eigentlich erinnert nur noch der Ostgiebel mit seinen gestaffelten Spitzbogenblenden an die alte Gestalt; die einfachen Spitzbogen

Heilig-Geist-Kapelle, Ansicht von Südosten

Gertrudenkapelle, Ansicht von Südosten

fenster, die Gewölbe und die Emporen sind Zutaten des 19. Jahrhunderts. Von der Ausstattung verdient lediglich eine kleine Kreuzigungsdarstellung im Altaraufsatz Beachtung.

Auf dem bereits im 14. Jahrhundert vor dem Hageböcker Tor angelegten Pestfriedhof ist im frühen 15. Jahrhundert eine der hl. **Gertrud** geweihte **Kapelle** errichtet worden. Der kleine Backsteinbau ist im Osten dreiseitig geschlossen und besitzt drei heute bis auf das Südportal vermauerte Eingänge. Es sind Rücksprungportale, von denen das südliche als das vermutlich bedeutendste durch eine flache, von Zinnen bekrönte Vorlage hervorgehoben wurde. Auch die Westwand ist durch eine Reihe schlanker, rundbogiger Doppelblenden und einen Treppenfries gestalterisch aufgewertet worden. Für den Giebel läßt sich die frühere Gestalt nicht mehr rekonstruieren. Die schlichten Umfassungswände sind sonst ledig-

lich durch die ebenfalls rekonstruierten Spitzbogenfenster und flache lisenenartige Strebepfeiler plastisch gestaltet. Von besonderer Wirkung ist das hohe, über dem Ostschluß abgewalmte Dach. Im Inneren wird der schlichte Raum, der 1953 durch den Einzug einer Zwischenwand an der Westseite etwas verkürzt wurde, von einer auf Konsolen ruhenden hölzernen Balkendecke abgeschlossen. Im östlichen Bereich finden sich mehrere unterschiedlich ausgebildete Wandnischen. 1936 wurde bei Bauarbeiten der Aufbau des Umfassungsmauerwerkes sichtbar, das innen in Fachwerk aufgeführt ist und auf dem damals erhebliche Teile einer figürlichen und ornamentalen mittelalterlichen Wandmalerei festgestellt werden konnten.

Nach den Restaurierungen im 19. Jahrhundert und 1936 und einem zeitweisen Verfall nach dem zweiten Weltkrieg wurde das spätgotische Bauwerk 1953 als Ernst-Barlach-Gedenkstätte eingerichtet. Damit ging zugleich ein früher von dem Bildhauer geäußerter Wunsch in Erfüllung, der den schlichten Kapellenraum als adäquates Umfeld für seine Kunstwerke empfunden hatte.

Von einer weiteren Kapelle, die dem Heiligen Blut gewidmet war, ist nicht viel mehr als der Name überliefert. Sie wurde nach dem Stadtbrand von 1503 wieder erneuert, ging dann aber an die Franziskanermönche über, die noch im Jahr 1509 in Güstrow ein neues Kloster errichteten. Seine Baulichkeiten haben die Zeitläufe ebenfalls nicht überdauert, lediglich die Platzbezeichnung »Klosterhof« und die räumliche Situation der hier später errichteten Häuser weist bis heute auf seine frühere Existenz hin.

Mit dem Beginn des 16. Jahrhunderts ging für Güstrow die Spätphase des Mittelalters zu Ende. In diesem Zeitabschnitt wurde die Stadt in den Jahren 1503, 1508 und 1512 von verheerenden Bränden heimgesucht, die ihr äußeres Bild gründlich veränderten. Besonders der Brand vom 29. Juni 1503 war von erheblichem Ausmaß, blieben doch damals nur die Burg, der Dom und einige wenige Häuser vom Feuer verschont. Die gotische Pfarrkirche erstand noch einmal im Stil der mittelalterlichen Backsteinbauten und auch in den folgenden Jahren wurden noch mehrere spätgotische Kunstwerke für den Dom angeschafft. Doch wachsende soziale Spannungen polarisierten die Interessen in der Stadt immer mehr. Möglicherweise war die Gründung des Franziskanerklosters im Jahre 1509, die zwar angeblich gegen den Willen des Domkapitels, sicher aber mit Billigung durch den Rat der Stadt erfolgte, ein Versuch, mit Hilfe der populären »grauen Mönche« soziale Spannungen zu mindern. Wie diese Differenzen wuchsen, zeigt die Tatsache, daß erstmals 1524 ein reformatorischer Prediger in der Stadt auftrat und schon ein Jahr später der vielleicht sogar aus der Stadt selbst stammende Joachim Kruse ständig in der Heilig-Geist-Kapelle predigte. Während das Domkapitel an der katholischen Lehre festhielt, konnte sich 1533 ein lutherischer Pfarrer an der Pfarrkirche niederlassen. Das war für mecklenburgische

Verhältnisse sehr früh, denn erst 1549 erfolgte auf dem Landtag an der Sagsdorfer Brücke bei Sternberg die offizielle Bestätigung der reformatorischen Lehre als verbindlich für das gesamte Land. Schon zwei Jahre zuvor hatte der von 1547 bis 1552 in Güstrow residierende Herzog Johann Albrecht I. den bis dahin in Lüneburg als Hofprediger tätigen Gerd Oemcke als Dompropst nach Güstrow berufen.

Da ihm das Kapitel die Anerkennung verweigerte, predigte er zunächst in der Pfarrkirche. 1552 schließlich wurde das Domkapitel säkularisiert und der Dom selbst geschlossen. Der für die mecklenburgische Kirchengeschichte bedeutsame Gerd Oemcke war inzwischen Superintendent und bis zu seinem Tode 1562 maßgeblich an der Neuordnung des Kirchen- und Schulwesens in Güstrow beteiligt.

Nach den Stadtbränden vom Anfang des 16. Jahrhunderts müssen zahlreiche Bürgerhäuser in der traditionellen Art des niederdeutschen Fachwerkes neu errichtet worden sein, bei dem man gern gleich große quadratische Gefache verwendete. Leider sind diese Gebäude im 19. und 20. Jahrhundert durch Abbrüche so stark dezimiert worden, daß verallgemeinernde Aussagen nur schwer zu treffen sind. Vermutlich waren diese Gebäude, zumindest in den wichtigsten Straßen, nach der Funktion beurteilt, in der Regel Kaufmannshäuser, die am traditionellen Schema des inneren Aufbaues festhielten, indem sie die Diele als zentralen Raum des Erdgeschosses besonders ausbildeten. Vom Gerüstaufbau her handelt es sich um sogenannte Hochständerhäuser, d. h., das Erd- und ein niedrigeres Obergeschoß werden von durchgehenden Fachwerkständern umgeben, erst darüber liegt das gemeinsame Rähm und meist noch ein weiteres, gesondert abgebundenes Obergeschoß. Diese Gebäude standen zumeist giebelseitig zur Straße, doch sind auch traufseitig ausgerichtete Häuser bekannt. Charakteristisch für Güstrow waren auch Mischformen, bei denen einzelne Partien des Gebäudes massiv ausgebildet sein konnten. Das 1904 zugunsten eines Neubaues abgebrochene Eckhaus Markt 19/Ecke Gleviner Straße verkörperte diesen Typ.

Mühlenstraße 48, Portal mit Rokokohaustür

Das schönste Beispiel eines vollständigen Fachwerkhauses war wohl das im Winter 1937/38 abgebrochene Gebäude Pferdemarkt 46/Ecke Armsünderstraße mit reichen Ziegelmustern an der Giebel- und besonders aufwendigen Schnitzereien an der Traufseite. Die über die Ständer und Fußbänder des oberen Geschosses reichenden Palmetten, Halbsonnen und tauartig ausgebildeten Schnitzereien erinnerten an die spätgotischen Zierformen anderer deutscher Hauslandschaften, insbesondere an die Niedersachsens. Mitunter sind erst bei den Abbrüchen die konstruktiven Details in ihrer entwicklungsgeschichtlichen Bedeutung voll erkannt worden. Während Hochständerkonstruktionen noch an den Seitenwänden der Gebäude Hollstraße 11, Burgstraße 3 und mit besonders reich geschnitzten Knaggen in der Hageböcker Straße 121 zu sehen sind, gingen solche Beispiele wie die auf

einem Hausbaum ruhende, sonst nur von küstenstädtischen Kaufmannshäusern her bekannte innere Konstruktion des Hauses Hageböcker Straße 101 oder der wohl von einem Zimmermann süddeutscher Herkunft gebaute liegende Dachstuhl auf dem Gebäude Mühlenstraße 12 vollständig oder weitgehend verloren. Immerhin darf man vermuten, daß sich in weiteren älteren Gebäuden der Innenstadt Reste von Fachwerkbauten aus dem 16. Jahrhundert verbergen.

Zu den ältesten erhaltenen massiven Häusern der Stadt gehört das stattliche Gebäude **Mühlenstraße 48**. Der zweigeschossige Bau ist in Backstein errichtet worden. Nachdem man nachträglich die beiden Vollgeschosse verputzte, sind heute nur die reich gegliederten Giebel zur Straße und zum Hof backsteinsichtig erlebbar. Diese Giebel, überaus reich und platzfüllend mit Blendenschmuck aus Kiel- und Rundbögen, Vorhangbogenmotiven und segmentbogigen Nischen geschmückt und an den Schrägen durch kräftige Fialen mit segmentbogigen Überbrückungen bereichert, sind die eigentliche Besonderheit des Hauses. Bei der zeitlichen Einordnung des Gebäudes gehen die Meinungen der Kunsthistoriker auseinander. Die Mehrzahl der Bauhistoriker betrachtet das Haus als spätgotischen Backsteinbau, wofür als Beleg auch der in die Fassade eingefügte Ziegelstein mit der Jahreszahl 1539 herangezogen wird (seit dem 19. Jahrhundert nahe der südwestlichen Gebäudekante). O. Gehrig, einer der besten Kenner der Güstrower Kunstgeschichte, datierte dieses Haus 1928 an das Ende des 16. Jahrhunderts und sah in ihm ein Beispiel für die zu dieser Zeit in der mecklenburgischen Architektur an manchen Orten feststellbaren Regotisierungstendenzen. Stilistische Vergleiche mit anderen Bauten des ausgehenden Mittelalters, vor allem solchen Brandenburgs oder Mitteldeutschlands, woher der entwerfende oder ausführende Baumeister gekommen sein könnte, sprechen jedoch eher für eine Entstehung um 1535 und 1540. Zwar nicht in allen Details übereinstimmend, aber in der Grundtendenz verwandt sind dem Güstrower Haus das kriegszerstörte sogenannte Kurfürstenhaus in Brandenburg von etwa 1550 und auch das zeitlich früher entstandene ehemalige Propsteigebäude des Mühlberger Klosters Güldenstern von um 1530. Beide Häuser besitzen weitgehend regel-

mäßig gestaltete Giebel. Die charakteristische Reihung der in kurzen Schritten ansteigenden Fialen findet sich gleichwohl bei beiden Vergleichsbeispielen – besonders überzeugend in Mühlberg. Zwar sind bei den Güstrower Giebeln, die sich nicht völlig gleichen, aber denselben Formenapparat in anderer Zusammenstellung verwenden, die horizontalen Tendenzen auf ein Minimum beschränkt, aber einzelne Motive wie der Vorhangbogen oder die abgefasten Kanten sprechen eher für eine Entstehung in der ungebrochenen spätgotischen Tradition. Am Hofgiebel ist die Regelmäßigkeit leicht gestört, denn an der Südostseite des Hauses saß früher ein bis auf Reste der Ostwand abgebrochener zweigeschossiger Kemladen, der ebenfalls massiv in Backstein aufgeführt war. Vermutlich stammt auch das große Straßenportal mit seinem Segmentbogenabschluß und dem in die Kante eingelegten Rundstab aus der Erbauungszeit des Hauses. Für dieses prachtvolle spätgotische Bürgerhaus findet sich in Mecklenburg kein vergleichbares Beispiel. Bedauerlich bleibt, daß im Inneren das hohe Erdgeschoß mit der Diele spätestens um die Mitte des 18. Jahrhunderts durch Umbauten stark verändert wurde. Damals wurden die später noch zu erwähnenden Stuckdecken in den Erdgeschoßräumen und die schöne doppelflügelige Rokokohaustür eingefügt. Über den barocken Putzdecken blieb allerdings die ältere Balkendecke mit durch Intarsienmalerei gefüllten, ebenfalls gemalten Kassetten und Halbfiguren erhalten.

Residenzstadt und Schloß
in der Renaissance

Mit der Einrichtung der Residenz des 1556 zur Regierung gekommenen Herzogs Ulrich in Güstrow begann für die Stadt die etwa ein halbes Jahrhundert währende Periode großer baulicher und kultureller Leistungen. Nachdem Güstrow mit dem Aussterben des Werleschen Fürstenhauses 1436 an landespolitischer Bedeutung verloren hatte, wurde die Burg am südöstlichen Rand der Stadt im 16. Jahrhundert von den Landesherren häufiger aufgesucht. Albrecht VII. residierte hier bis 1547, sein Sohn Johann Albrecht I. bis 1552. Als sein Bruder Ulrich im Ruppiner Schiedsspruch von 1556 seine Beteiligung an der Regierung Mecklenburgs durchsetzen konnte, bestimmte er Güstrow zu seiner Residenz.

Im Sommer 1557 vernichtete ein Brand den Südflügel der Burg. Für den Herzog war der notwendige Wiederaufbau eine vielleicht willkommene Gelegenheit, seine Hauptresidenz in ähnlicher Weise wie sein Bruder in Schwerin modernisieren zu können. Aus dem anfänglichen Teilersatzbau wurde schließlich der Neubau eines ganzen Schlosses. In Mecklenburg wurde es die alles andere überragende Bauaufgabe während der zweiten Hälfte des 16. Jahrhunderts, die das bedeutendste Renaissancebauwerk des Landes hervorbrachte.

Über die bis 1557 bestehende Burg ist wenig überliefert. Ihre günstige topographische Lage auf einer kleinen spornartigen Erhebung im Südosten der Stadt

war für die Landesherren Grund genug, sie über die Jahrhunderte als Niederlassung zu erhalten. Ein unvollständiges Bild der Burg gab 1585 Vicke Schorler im Zusammenhang mit der Darstellung Güstrows in seiner »Wahrhaftigen Abcontrafactur der Stadt Rostock«. Zu dieser Zeit existierte noch der stark überbaute Nordflügel aus dem 15. oder frühen 16. Jahrhundert mit polygonalen Ecktürmen und mehreren Giebeln. Er brannte 1586 ab. Obwohl die Brände der Burg so starke Zerstörungen verursachten, daß ein Wiederaufbau nicht erwogen wurde, sind vermutlich Mauerwerkteile beim Neubau wiederverwendet worden. Funde während der Restaurierungsmaßnahmen nach 1963 stützen diese Feststellung und auch die Grundrißlösungen im Erdgeschoß von Süd- und Westflügel könnten durch älteres Mauerwerk mitbestimmt worden sein.

Für den Wiederaufbau der fürstlichen Residenz, der sich zunächst auf den zerstörten Süd- und den seit längerer Zeit ungenutzten Westflügel erstrecken sollte, verpflichtete der Herzog als leitenden Architekten Franziskus (Franz) Parr, der zu dieser Zeit wohl noch zusammen mit seinem Vater am Bau des Piastenschlosses im schlesischen Brieg (Brzeg) beschäftigt war. Im Herbst 1557 begannen die Verhandlungen zwischen Herzog Ulrich und Parr, die mit dem Vertragsabschluß am 4. Februar 1558 besiegelt wurden. Parr übernahm die Gesamtleitung des Baues und war für die Anwerbung und Besoldung der Fachkräfte verantwortlich. Der Bauherr stellte die auf etwa 30 000 Taler veranschlagten Baugelder in Aussicht und verpflichtete sich zu Materiallieferungen und zur Stellung von Fuhrleuten und Handlangern.

Über die Herkunft und den Werdegang des Franziskus Parr ist wenig bekannt. Erst in jüngerer Zeit konnten polnische Forscher nachweisen, daß die Familie Parr ursprünglich im lombardischen Bizone ansässig war. 1539 kam Jacob Parr ins damalige Brieg, wo auch sein Sohn Franziskus am Schloßbau tätig wurde. Zehn Jahre später ist Franziskus Parr dann in Haynau (Chojnow) als verheirateter und ortsansässiger Meister nachweisbar.

Herzog Ulrich drängte anscheinend auf den zügigen Ablauf der Bauarbeiten, denn in den wenigen Monaten von Februar bis Mai 1558 beseitigte man den Brandschutt des Südflügels und brach den Westflügel ab. Gleichzeitig erfolgte die Aufhöhung des Schloßhofes. Anfang Juni begannen die eigentlichen Bauarbeiten. 1560 waren beide Flügel bereits bis zur halben Höhe errichtet, 1562 wurden die Dachstühle aufgesetzt und ein Jahr später war der Südflügel rohbaufertig. Zwei Jahre später waren die Bauarbeiten im wesentlichen abge-

Schloß, Ansicht von Südwesten

schlossen. Nachdem schon 1563 Franziskus Parr um seine Entlassung aus dem Vertrag gebeten hatte, schied er nun aus den Diensten Herzog Ulrichs aus. Obwohl es an genaueren Überlieferungen für Parrs Abschied mangelt, darf angenommen werden, daß es finanzielle Probleme waren, die ihn zu diesem Schritt veranlaßten. Inflationäre Tendenzen und Überschreitungen der Baukosten führten dazu, daß die veranschlagten Gelder zur Ausführung der geplanten Arbeiten nicht ausreichten. Außerdem scheint es zu Auseinandersetzungen mit seinen Mitarbeitern gekommen zu sein, unter denen neben seinen vier Brüdern, die zeitweise in Güstrow arbeiteten, zahlreiche weitere talentierte Steinmetzen, Stukkateure u. a. waren. Als 1572 sein Bruder Johann Baptist Parr für den Aufbau des Schlosses Kalmar in Schweden gewonnen wurde, gingen auch Franziskus und als weiterer Bruder Dominicus dorthin. Franziskus übernahm bald den Wiederaufbau des Schlosses in Uppsala. 1574 versuchte er, sich von dieser Aufgabe durch eine Anstellung beim Kurfürsten zu Sachsen zu lösen, doch schlug dieser Plan fehl und Franziskus blieb bis zu seinem Tode im Jahre 1580 in Uppsala und setzte den Bau des vierflügeligen, mit seinen gewaltigen runden Ecktürmen nur entfernt an den Güstrower Bau erinnernden Schlosses fort, ohne freilich dessen Vollendung zu erleben.

Nach Franziskus Parrs Weggang aus Güstrow waren sein Bruder Christoph und die Meister Jacob Baroldt und Hans Strol verantwortlich mit der Fortsetzung des Schloßbaues beauftragt.

Christoph Parrs Anteil am Bau und der Ausstattung des Güstrower Schlos-

ses muß ebenfalls erheblich gewesen sein, obwohl er bis zu seinem endgültigen Weggang aus Güstrow 1571 nicht ohne Unterbrechungen hier tätig war. Er wird in den Unterlagen unterschiedlich als Baumeister, Steinmetz und Bildschnitzer bezeichnet, was auf seine vielfältigen Begabungen hinweist. Im Schloß hat er mit Sicherheit den Hirsch-Reh-Fries im Festsaal geschaffen, vielleicht auch noch an Steinmetzarbeiten mitgewirkt. Zugeschrieben wird ihm auch die wohl um 1570 entstandene Kanzel im Dom, deren Anfertigung im Zusammenhang mit der 1569 abgeschlossenen Wiederherstellung des Inneren als Hofkirche notwendig geworden war. Mehrfach war Christoph auch für Herzog Ulrichs Bruder Johann Albrecht I. in Schwerin am dortigen Schloß tätig, doch sind diese Arbeiten nicht mehr erhalten oder verschollen. Der ihm mit Sicherheit zugeschriebene Fürstenstuhl im Schweriner Dom fiel leider 1866 der umfassenden Restaurierung unter Theodor Krüger zum Opfer. Von 1573 bis 1577 ist Christoph dann in Schweden tätig, wo er den Bau der Schlösser in Nyköping und Eskilstuna leitete.

Die Anteile der anderen Brüder Franziskus Parrs – Johann Baptist, Dominicus und Jakob – sind noch schwerer zu fassen. Sie waren ebenfalls 1558 nach Mecklenburg gekommen, nahmen aber auch zeitlich begrenzte Aufträge z. B. in Schwerin an. Johann Baptist leitete hier von 1560 bis 1563 den Bau der nach Torgauer Vorbild konzipierten Schloßkapelle. 1572 ging er ebenso wie seine Brüder nach Schweden und beteiligte sich am Bau des königlichen Schlosses in Kalmar.

Für Dominicus Parr konnte die Forschung seine Mitwirkung an den schwedischen Schlössern Örebro, Kalmar und Borgholm nachweisen. In Kalmar werden ihm Teile der Außenarchitektur und die Ausgestaltung zweier Säle zugeschrieben. Daraus darf geschlossen werden, daß er wohl auch in Güstrow verantwortliche Aufgaben übernommen hatte.

Jacob Baroldt war am Schloßbau zunächst unter Franziskus Parr als Maurerpolier tätig und zeitweise wohl sogar sein Vertreter während Parrs zahlreichen Reisen. Bis 1581 ist er in den Rechnungsbüchern nachweisbar, zuletzt als Bürger von Stralsund.

Der Steinmetz Hans Strol, möglicherweise ein Italiener, wird 1560 erstmals in den Rechnungsbüchern genannt und zählte zu den wichtigsten Mitarbeitern Parrs beim Schloßbau. Er arbeitete bis 1566 die Sandsteingalerie an der Hoffront des Südflügels und 1569 die beiden kannelierten Säulen im Erdgeschoßsaal des Südflügels. Sie tragen die ebengenannte Jahreszahl und Strols Meisterzeichen. Wahrscheinlich verließ er 1572 Güstrow und begab sich in die Dienste des Schweriner Herzogs Johann Albrecht.

Eine Vielzahl weiterer Namen taucht in den sechziger und frühen siebziger Jahren im Zusammenhang mit dem

Schloß, Ansicht von Südosten

Ausbau der beiden Schloßflügel auf, darunter als Stukkateur Hans Ferber und in der gleichen Funktion ein Bruder des Jacob Baroldt namens Anton. Auch der Güstrower Tischlermeister Hans Koppelow wird zwischen 1562 und 1599 mehrfach erwähnt. Dazu kommen weitere heimische Künstler und Handwerker, die sich mit der Herstellung der übrigen Ausstattung, z. B. der Fußböden und Decken, Fenster und der Kachelöfen, beschäftigen. Namenlos blieben jene Stukkateure, die als Gehilfen der oben erwähnten Meister tätig waren. Einige von ihnen kamen wahrscheinlich als wandernde Künstler für einige Jahre aus Italien nach Güstrow. Noch bevor die letzten Arbeiten am Süd- und Westflügel abgeschlossen waren, vernichtete ein erneuter Brand im Jahr 1586 den bis dahin erhaltenen mittelalterlichen Nordflügel, in dem während der Bauzeit Herzog Ulrich seine Wohnung genommen hatte. So mußte man hier wohl früher als vorgesehen, ebenfalls an einen Ersatzbau gehen. Obwohl mit großer Wahrscheinlichkeit in der Parrschen Konzeption für den Schloßbau auch eine Um- oder Neugestaltung dieses Flügels beabsichtigt war, konnte sich Herzog Ulrich wohl vor allem unter dem Eindruck seiner prekären finanziellen Lage nicht zu einer Verwirklichung der Parrschen Vorstellungen entschließen, sondern bevorzugte eine einfachere Lösung, für die der seit 1583 in den herzoglichen Diensten als Hofbaumeister tätige Philipp Brandin den Entwurf lieferte. Sein Neubau war in den Abmessungen geringer als der Parrsche Vorschlag und auch im gestalterischen Aufwand weit bescheidener. Er beendete die Bauarbeiten am

westlichen Teil des Nordflügels laut Inschrift am Balkon im Jahre 1588, am Nordwestgiebel 1589. Wahrscheinlich wurde der östliche Teil 1591 fertiggestellt, denn am Anfang des folgenden Jahres rechnete er mit dem Bauherrn seine Leistungen insgesamt ab.

Philipp Brandins Beauftragung mit der Planung des Nordflügels war nicht die erste Arbeit für den Güstrower Schloßbau. Nachdem sich der Künstler bereits 1563 in Mecklenburg (Wismar) seßhaft gemacht hatte, arbeitete er zwar vornehmlich für den Schweriner Hof, doch taucht sein Name schon 1564 erstmals in den Bauakten des Schlosses auf; 1573 sind erste Bildhauerarbeiten für das Schloß nachweisbar. Es ist fraglich, ob Brandin bis 1594, seinem Todesjahr, in Güstrow am Schloßbau tätig war. Daneben entstanden nach seinen Entwürfen in Wismar das Haus des Bürgermeisters Schabbell, die Wasserkunst, in Güstrow die Domschule und das Haus Domplatz 16 sowie in Güstrow, Ribnitz, Anklam sowie mehreren kleinen Orten Epitaphien und andere steinerne Ausstattungsstücke. Gestorben ist Brandin in Nyköping, wo er von Herzog Ulrichs Tochter Sophie für den Schloßbau verpflichtet worden war.

Zu den Mitarbeitern Brandins beim Bau des Nordflügels hatten auch Claus Midow und Bernd Berninger gehört. Nachdem man schon 1592 mit den Vorbereitungen für den Bau des Ostflügels begonnen hatte, fiel die Bauleitung nach Brandins überraschendem Tod Claus Midow zu. Unter seiner Leitung wurde der Rohbau noch 1594 beendet; der Ausbau zog sich bis 1598 hin.

Claus Midow hatte zusammen mit Ph. Brandin 1563/64 am Schloßbau in

Schwerin gewirkt, hat dann vermutlich längere Zeit in Schweden gearbeitet und kam erst 1585 wieder nach Güstrow, wo er zunächst am Ulrich-Epitaph im Dom beteiligt war, bevor er auch beim Schloßbau zum Einsatz kam. Er beteiligte sich u. a. an der Herstellung der Stuckdecken und leitete den Einbau des Trompeterstuhles in der Westwand des Festsaales im Südflügel. Daneben realisierte er Aufträge des Hofes zur Ausstattung des Domes (Erweiterung des Ulrich-Epitaphs, Taufe) und auswärtiger Besteller, vornehmlich Epitaphien fürstlicher oder adeliger Personen. Am Ende des Jahrhunderts war er u. a. auch bei der Modernisierung der Güstrower Stadtbefestigung tätig geworden, indem er am Gleviner Tor ein neues Vortor samt Bastion errichtete. Er starb 1602 in Güstrow.

Bernd Berninger war wohl vornehmlich als Stukkateur und Bildhauer tätig; zugeschrieben wird ihm die Mitwirkung bei der Anfertigung der 1591 im Dom aufgestellten Taufe.

Mit dem Ausbau des Ostflügels waren die Neubaupläne Herzog Ulrichs im wesentlichen verwirklicht, sieht man von dem nicht zur Ausführung gekommenen östlichen Teil des Südflügels ab. 1603 starb Herzog Ulrich. An den endgültigen Abschluß der Bauarbeiten dachte man zunächst nicht, obwohl noch 1602 als Nachfolger Midows der Steinmetz Adolf Brabander aus Bielefeld zum Hofbaumeister berufen wurde. Ihm fielen nun vor allem Unterhaltungsarbeiten an den landesherrlichen Bauten zu.

Es scheint ratsam, zunächst das Schicksal des Schlosses bis zum Ende des 18. Jahrhunderts zu verfolgen, denn

1796 hatte der Bau nach umfangreichen Abbrüchen etwa die heutige Gestalt. Die 1628/29 unter der Regierung des in Güstrow residierenden, mit dem Herzogtum Mecklenburg belehnten kaiserlichen Generalissimus Albrecht von Wallenstein begonnenen Arbeiten zur Vollendung des Südflügels kamen über Anfänge nicht hinaus. Als 1654 der junge und gebildete Herzog Gustav Adolf zur Regierung im Güstrower Landesteil kam, wurden erneut Baupläne geschmiedet. 1657 erfolgte die Berufung des französischen Architekten Charles Philippe Dieussart, eines Hugenotten, an den Güstrower Hof. 1671 entstanden nach seinen Plänen die Schloßbrücke vor dem Westflügel und das Pforthaus. Seine Arbeiten im Schloßgartenbereich werden weiter unten erwähnt.

Nach dem Erlöschen der Güstrower Herzogslinie 1695 wurde das Schloß nur noch selten genutzt und geriet in Verfall. 1733 konstatierte eine Bauinventur erhebliche Schäden, schon 1755 mußten die Säulen der Galerie am Südflügel mit eisernen Bandagen gesichert werden und 1783 verlagerte man den größten Teil der Möbel in das von Dieussart erbaute Schloß Rossewitz bei Laage. Einem Gutachten von 1787 mit Aussagen über die schlechte Beschaffenheit des Baues folgte 1791 der Vorschlag zum schrittweisen Abbruch. Als im gleichen Jahr die herzogliche Verwaltung einem Plan zustimmte, der die Abtragung der oberen Stockwerke und die Neugestaltung des verbleibenden Torsos vorsah, regte sich in der Güstrower Bürgerschaft Widerspruch. Die Bürger verwiesen auf die städtebauliche Bedeutung des Schlosses und seinen

Denkmalwert und forderten deshalb seine Erhaltung. Ein neuerliches Gutachten des herzoglichen Baukondukteurs Johann Heinrich von Seydewitz vom Jahre 1792 mit dem Vorschlag, den halben Nord- und den Ostflügel sowie die Galerie am Südflügel abzubrechen, wurde im gleichen Jahr als herzogliche Verfügung veröffentlicht. 1795/96 kam sie zur Ausführung, allerdings mit einer Abweichung: die Galerie des Südflügels blieb stehen.

In diesem Umfang blieb der Baukörper bis in unser Jahrhundert erhalten, die weiter unten zu besprechenden Wiederherstellungen im 19. und 20. Jahrhundert veränderten die Kubatur nicht, sondern betrafen lediglich gestalterische Details bzw. die Nutzung.

Heute ist das **Schloß** eine Dreiflügelanlage, wobei die vorhandenen Bauten die westliche Hälfte des einst geplanten und weitgehend verwirklichten vierflügeligen Schloßkomplexes sind.

Die Hauptfront des Schlosses ist die Fassade des stadtseitig gelegenen Westflügels. Dieser viergeschossige Bauteil reicht vom nordwestlichen Eckturm über den Mittelrisalit bis zum Anschluß an den nach der inneren Struktur bereits zum Südflügel zählenden Giebelrisalit neben dem südwestlichen Eckturm. Es ist wahrscheinlich, daß die Fassade ursprünglich symmetrisch gegliedert werden sollte, also an der Nordseite neben dem Eckturm ebenfalls noch einen Giebelrisalit erhalten sollte.

Der wegen der Brücke zwischen Pforthaus und Haupteingang leicht zu übersehende Sockel des **Westflügels** weist kräftiges Rustika-Buckelquaderwerk auf, in das kleine gerahmte Rechteckfenster eingefügt sind. Erst in den Obergeschossen wird der Mittelrisalit als das die Westfront gliedernde Element deutlich sichtbar. Er ist fünfachsig und reicht mit seinen vier Geschossen bis in die Dachzone hinein, seitlich wird er von in die Ecken gestellten Rundtürmen mit spitzkegeligen Dächern flankiert. Im Erdgeschoß befinden sich in asymmetrischer Anordnung die beiden Zugänge zum Schloßhof – rechts das große rundbogige, geschlossene Durch-

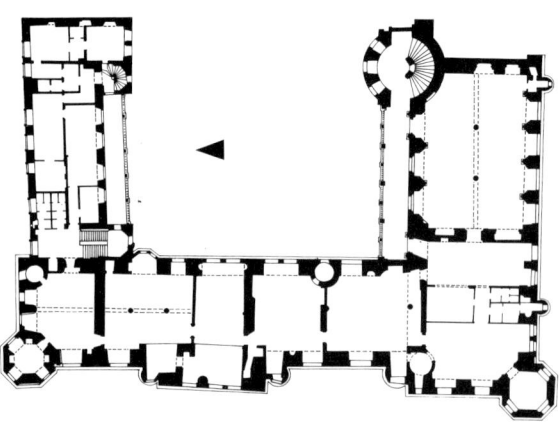

Schloß, Grundriß
des ersten Obergeschosses

fahrtsportal, links die ebenfalls rundbogige, aber schmalere Fußgängerpforte.
Über letzterer befindet sich als Lichtöff-
nung zur Ausleuchtung des Innen-
ganges ein querovales Fenster. An der
Durchfahrt wurde 1604 im Auftrag
Herzog Karls eine Inschriftplatte einge-
lassen. Seitlich befinden sich in flachen
Vorlagen halbrunde Nischen. Die durch
kräftige horizontale Gesimse getrennten
beiden Obergeschosse enthalten je drei
Segmentbogenfenster in ebenfalls leicht
asymmetrischer Anordnung. Jeweils die
äußerste Achse ist als von Säulen
gerahmte und durch die Verkröpfung
des Gesimses baldachinartig bekrönte
blinde Nische ausgebildet. Die den Risalit begleitenden Rundtürme sind im
Erd- und ersten Obergeschoß mit je
einem und im zweiten Obergeschoß mit
mehreren Fenstern versehen. Am Risalit
folgt dann ein kräftiges Konsolgesims,
das die Formen des benachbarten
Traufgesimses aufgreift. Darüber erhebt
sich das Giebelgeschoß mit drei, in die
Achsen der unteren Fensteröffnungen
gestellten Rundbogenfenstern, die
durch gekuppelte bzw. zur Dreiergrup-
pe vereinte Balustersäulchen getrennt
und flankiert werden. Seitlich schließen
sich mit Beschlagwerkvoluten bedeckte
Überleitungen zum breiteren Unterteil
an. Ein kräftiger Architrav mit Zahn-
schnittleiste und Konsolgesims schließt
die Front nach oben gegen das Zeltdach
mit einer vierseitigen laternenartigen,
geschlossenen Bekrönung ab. An ihrer
Vorderseite befindet sich ein Uhrziffer-
blatt. Die Schloßuhr und die zugehörige, 1600 gegossene Schlagglocke wurden 1795 vor dem Abbruch des Ostflügels vom dortigen Turm geborgen und
in die Laterne des Torrisalits umgesetzt.

Schloß, Südwestgiebel

An den Mittelrisalit und die ihn begleitenden Flankentürme fügen sich auf
beiden Seiten je zwei Fensterachsen an,
die sich gleichen und in allen Geschossen segmentbogig geschlossene Fensteröffnungen besitzen. Im Erdgeschoß
sitzen diese in rechteckigen Rahmenpro-
filen und sind durch kräftige Rustika-
rahmungen optisch besonders betont;
im ersten Obergeschoß sind sie dagegen
ohne eine besondere Rahmung in die
Fassade eingefügt. Im obersten Geschoß
werden die Fensteröffnungen von
schmalen ornamentierten Wülsten gerahmt und voneinander durch schmale
halbrund geschlossene Nischen
getrennt. Die Detailformen finden sich
in der gleichen Art auch am nordwestlichen Eckturm. Interessant ist die Ge-

47

staltung des Rustikaputzes. Am Torrisalit differiert er zwischen Erd- und erstem Obergeschoß vor allem durch seine unterschiedlich großen Strukturen, wobei die kleinteiligeren Formen im oberen Bereich auftreten. In den Seitenteilen der Westfassade finden sich am Sockelgeschoß besonders kräftige Quader mit zusätzlich aufgeputzten Graten und als außerordentlich auffälliges Motiv ist im Gesims zwischen Keller und Erdgeschoß eine Reihung von Halbkugeln ausgebildet worden, die durch kettenartige Verbindungsstücke zusammengehalten werden.

Der **Südflügel** hat zwar die gleiche Traufhöhe wie der Westflügel, ist aber infolge des nach Süden stärker abfallenden Geländes fünfgeschossig angelegt

Schloß, Schornsteine auf dem West- und Südflügel

worden. Das zusätzliche Geschoß ist der sogenannte Tiefkeller, der die Fassade bis zum Niveau der obersten Gartenterrasse hinabführt. Beide Kellergeschosse sind durch die gleiche Putzgestaltung optisch verbunden. Lediglich die kleineren Fenster des Tiefkellers wurden im Hochkeller zugunsten von größeren, sehr tief gestaffelten und kräftig rustizierten Rechteckfenstern verändert. In der Detailgestaltung unterscheidet sich der Südflügel bei den Gesimsen und den Fenstern im Putz nicht vom Westflügel; lediglich seine grundsätzliche Gliederung ist eine andere.

Die lange Front nach Süden, eigentlich nur die westliche Hälfte des auf die doppelte Länge konzipierten Flügels, wird zweimal durch über die gesamte Höhe reichende Rundtürme unterbrochen. In ihnen befanden sich einst die Abtritte. Sie sind das notwendige plastische Element, um Dynamik in die relativ lange und statisch wirkende Front zu

bringen. Die Südwestecke wird wie ihr Pendant im Nordwesten durch einen polygonalen Turm betont, neben ihm befindet sich der vor die westliche Schmalseite des Südflügels gestellte übergiebelte Risalit, der im Winkel zum Westflügel von einem runden Flankenturm begleitet wird. Der mehrgeschossige Giebelaufbau dieses Risalits gleicht im unteren Geschoß mit Rundbogenfenstern und Balustersäulen dem obersten Geschoß des Torrisalits. Das Geschoß darüber enthält drei perspektivisch angelegte, tief gestellte Rechteckfenster, die blind sind und von Pilastern gerahmt werden. Darüber bildet ein in sich konvex geschwungener dreigeschossiger Aufbau mit bekrönender Vase den Abschluß, seitlich flankiert von gebänderten Obelisken.

Wichtig für das Erscheinungsbild des Schlosses sind die auf dem West- und

Südflügel vorhandenen **Schornsteine**. Sie haben zum Teil die Gestalt hoher, gekuppelter toskanischer Säulen, können aber auch spiralig gewunden sein oder gar die Form selbständiger Kleinarchitekturen annehmen: so am Westflügel, wo um den Kern Voluten gruppiert wurden, oder am Südflügel, dessen großer Abzug als mehrgeschossiger Aufbau mit Voluten, Giebelchen und übereckgestellten, auf gekuppelten Balustersäulen ruhenden Laternen ausgebildet

wurde. Dabei ist auch zu bedenken, daß alle historisch belegbaren Schornsteine gar nicht erhalten sind.

Der **Nordflügel** fällt durch seine bescheidenere äußere Gestaltung auf. Die Gründe mögen in der geschwundenen finanziellen Leistungsfähigkeit des Bauherrn, im Wechsel des Architekten und nicht zuletzt in der weniger wichtigen städtebaulichen Ausprägung dieses Bereiches zu suchen sein. So weist der dreigeschossige Bau lediglich mit dem

Schloß, Hofseite, Südflügel mit Treppenturm und Galerie, rechts der südliche Teil des Westflügels

Risalit neben dem nordwestlichen Eckturm eine gestalterische Besonderheit auf. Auch hier setzt der Giebelaufbau einen gewichtigen Akzent. Nach seiner Jahreszahl zu urteilen, ist der unter Philipp Brandin geschaffene Aufsatz 1589 entstanden. Es ist nicht zu übersehen, daß es sich um eine Nachbildung des Parrschen Giebels von der Südwestfront des Schlosses handelt; wesentliche Elemente der Gliederung sind übernommen. Insgesamt aber wird die Plastizität des Parrschen Vorbildes nicht erreicht, das gilt für das Untergeschoß mit den von gekuppelten Pilastern gerahmten und dreieckgiebelig verdachten Fenstern ebenso wie für das mit Halbsäulen gegliederte Obergeschoß und den aufgesetzten segmentbogengiebeligen Abschluß mit der bekrönenden Vase. Auch die seitlichen Aufsätze, wie Vasen und gebänderte Obelisken, sind Übernahmen vom Südwestgiebel. Die begrenzenden Wangen mit der Beschlagwerkornamentik zeigen dagegen schon die harten Konturen, die für Brandins Schöpfungen typisch sind.

Im **Innenhof** liegt das Schwergewicht eindeutig auf der Front des **Südflügels**. Sein östliches Ende markiert der schwach aus der Flucht vortretende mehrgeschossige Turm, der bei oberflächlicher Betrachtung leicht als sechsgeschossig angesehen werden kann. In Wirklichkeit folgt aber seine Geschoßeinteilung der angrenzenden Galerie. Die Einfügung von Zwischenpodesten machte allerdings die Ausbildung weiterer Fenster erforderlich. In Verlängerung der Gliederung der anschließenden Galerien sind am Turm breite Putzbänder angelegt. Das Erdgeschoß enthält, eingebettet in kräftigen

Rustikaputz, das segmentbogige Hofportal und ein weiteres zur Galerie. Über dem Hofeingang sitzt ein Segmentbogenfenster von gleicher Breite. Es wird bekrönt von einer Inschrifttafel des Bauherren. Im Geschoß darüber fallen die das untere Fenster begleitenden Kreisfenster auf. Am dritten Geschoß findet sich die bereits von den Außenfronten her bekannte Gliederung der Segmentbogenfenster mit Halbrundnischen wieder. Darüber sitzt in der Traufhöhe des Flügels ein mehrfach profiliertes Gesims, über dem sich ein besonders reiches viertes Geschoß erhebt, für das die fünf konvex heraustretenden zweifenstrigen Öffnungen mit den seitlichen gekuppelten Säulen charakteristisch sind. Diese Gliederung ähnelt, hier vergrößert und bereichert, der Gliederung der obersten Geschosse der die Risalite des Südflügels begleitenden Flankentürme. Kunstgeschichtliche Untersuchungen haben diesen Bauteil als Belvedere nachweisen können, eine Funktion, die bis zum Neubau des Nordflügels durchaus denkbar erscheint. Vergleiche mit anderen zeitgenössischen Bauten bestätigen die Beliebtheit solcher Lösungen, die wahrscheinlich aus der italienischen Baukunst übernommen wurden und sich beispielsweise auch im nördlichen Schloßturm in Penkun nachweisen läßt und dort wohl am Ende des 16. Jahrhunderts entstand. Ein kräftig ausladendes Kranzgesims und eine halbkugelige Haube mit ursprünglich offener Laterne bekrönt den Turm.

An diesen schließt sich nach Westen als Höhepunkt der hofseitigen Fassaden eine dreigeschossige **Galerie** an, die in den beiden unteren Geschossen gewölbt ist. Das niedrigere oberste Geschoß ist flachgedeckt. Drei kräftige ionische Frei- und zwei Halbsäulen tragen die vier rundbogigen Arkaden, mit denen sich das Erdgeschoß zum Hof hin öffnet. In die Zwickel der Bögen sind Medaillons eingefügt. Zwischen ihnen verlaufen in der Verlängerung der Säulen kannelierte Vorlagen. Eine Volutenkonsole, zugleich Schlußstein der Arkadenbögen, ist auch optisch der Träger für die in die Brüstungsfelder eingefügten ornamentierten pfeilerartigen Mittelstücke. Im ersten Obergeschoß werden die Arkaden von Kompositsäulen und im zweiten Obergeschoß von der doppelten Anzahl schwächerer toskanischer Säulen getragen. Dagegen sind die Formen der Balusterbrüstung gleichartig. Jeweils am westlichen Ende der mit dem bereits von den Außenfronten bekannten Rustikaputz überzogenen Wände befinden sich die Zugänge ins Innere. Im ersten Obergeschoß führt eine weitere Tür neben der Turmtreppe direkt in den Festsaal.

Die hofseitige Front des **Westflügels** entbehrt besonderer Merkmale, sieht man von den großen granitenen Kragsteinen ab, die über dem Erdgeschoß aus der Wand herausragen und zu einer im 18. Jahrhundert abgebrochenen hölzernen Galerie gehörten.

Schloß, Hofseite, mittlerer und nördlicher Teil des West- und Nordflügels

Sie verkörpert den älteren Typus der Außengalerie. Derartige Galerien waren in den Renaissanceschlössern deshalb wichtig, weil die Anordnung der Räume und das Fehlen von Fluren eine schnelle Verbindung im Gebäudeinneren nicht ermöglichte. In die Ecke zwischen West- und Nordflügel ist ein schlichter Treppenturm gestellt, dessen Zeltdach sich nur wenig über die Traufen der angrenzenden Flügel erhebt. Von älteren Abbildungen her ist bekannt, daß im Dachbereich, leicht aus der Portalachse nach Norden verschoben, ein zwerchhausartiger Aufbau vorhanden war, der wohl im 18. Jahrhundert infolge von Bauschäden beseitigt wurde.

Die Hofseite des **Nordflügels** macht deutlich, daß sich ihr Architekt bei der Gestaltung am gegenüberliegenden Südflügel orientierte, doch wurde dessen großartige Gliederung bei weitem nicht erreicht. Brandin betonte auch hier die Mitte durch einen Turm und legte zwischen diesen und die innere Nordwestecke ebenfalls eine Galerie. Da aber der Nordflügel nach seiner Fertigstellung überwiegend Wirtschaftsräume enthalten sollte, schien dem Bauherrn und Architekten eine so aufwendige Gestaltung wie am Süd- und Westflügel wohl nicht erforderlich. So ist die Blendarkatur vor der im Erdgeschoß liegenden Küche offensichtlich in erster Linie eine optische Angleichung an das Gegenüber, wobei unsicher ist, ob überhaupt eine weitere Verbindung in Höhe des zweiten Obergeschosses geplant war. Das weit vorgezogene Dach läßt eine solche Möglichkeit immerhin als wahrscheinlich erscheinen. Der heute den Nordflügel im Osten abschließende Turm besteht aus zwei nebeneinander-

gestellten, vorgezogenen Bauteilen mit jeweils eigener Dachhaube und bekrönender Laterne. Während der westliche zur Aufnahme des Teppenhauses bestimmt war, befanden sich im östlichen in fünf Geschossen Räumlichkeiten, die zur Hofseite durch gekuppelte segmentbogige Fenster geöffnet sind. Dabei ist das mittlere Geschoß durch einen auf Löwenkonsolen ruhenden, an der Brüstung durch Wappen und Inschriften in Rollwerkkartuschen geschmückten Erker besonders betont. Die gekuppelten Fenster des östlichen Turms werden von gebänderten toskanischen Säulen gerahmt. Aufgelegte Halbsäulen betonen auch im vierten und fünften Turmgeschoß die Gebäudekanten und weisen sich damit als Angleichung an die Parrsche Gestaltung der Türme aus.

Aus einer Zeichnung von um 1735 läßt sich entnehmen, daß der Nordflügel auch in seiner östlichen Hälfte eine das Erdgeschoß gliedernde Galerie besaß, die aber etwa in der Mitte durch einen weiteren, nur bis zur Traufe reichenden Turm unterbrochen wurde. In diesem östlichen Teil des Nordflügels lag, nach außen durch spitzbogige Fenster angedeutet, die Schloßkapelle. An seiner östlichen Schmalseite besaß der Nordflügel einen größeren Giebel, in der inneren Hofecke zum Ostflügel einen weiteren Treppenturm.

Auch vom **ehemaligen Ostflügel** existieren nur Abbildungen aus dem 18. Jahrhundert, die einigermaßen zuverlässige Aussagen über sein Aussehen ermöglichen. Seine Außenfront nach Osten war wohl ohne größeren gestalterischen Aufwand angelegt worden. Nach Süden wurde die Front von einem für die Brandinsche Ära charakteristischen Giebel bekrönt. Als Blickfang für die den Schloßhof durch das große Portal erreichenden Besucher war die regelmäßige Hoffront ausgeführt, die von einem kräftig aus der Fassade hervorspringenden, den Dachfirst weit überragenden Turm mit abgestufter Haube geprägt wurde. Nach beiden Seiten schlossen sich vier Fensterachsen an, davon waren die beiden zu Seiten des Turmes zusätzlich durch Zwerchhäuser betont.

Die wohl mehr provisorischen Baulichkeiten zwischen Ostflügel und dem Turm des Südflügels fielen zu keiner Zeit für die Gesamterscheinung des Schlosses ins Gewicht.

Im Inneren sind in der Zeit der zweckentfremdeten Nutzung des Schlosses vom 18. bis weit ins 20. Jahrhundert hinein umfangreiche Veränderungen vorgenommen worden, die sowohl den Grundriß der einzelnen Geschosse als auch die Innenarchitektur und Ausstattung betrafen. Von Bedeutung sind heute vor allem jene Räume, die im ursprünglichen Zustand verblieben sind oder deren Restaurierung bzw. Rekonstruktion möglich war.

Die Räume in den beiden Kellergeschossen des Südflügels besitzen zum größten Teil noch die ursprünglichen Kreuzgratgewölbe, einige auch ornamentalen Stuck aus der Bauzeit des Schlosses. Den langen Gang unter der Galerie überwölbte man in beiden Kellergeschossen mit einer flachen Tonne. In den zugänglichen Teilen des Hochkellers befindet sich im südöstlichen Bereich ein Saal mit zwei kräftigen gemauerten Mittelsäulen. Die Gewölbe, die auf den mit stilisierten vegetabili-

schen Motiven und einem Eierstabfries geschmückten Kapitellen bzw. Wandkonsolen ansetzen, sind aus der Flachtonne abgeleitete Netzgewölbe mit zarten angeputzten Rippen.

Von den zahlreichen Räumen der drei Hauptgeschosse verdient zunächst der Treppenturm Beachtung. Zwar ist er als Rundturm konzipiert, doch haben seine unterschiedlichen Mauerstärken dem Inneren eine elliptische Gestalt verliehen. Der Bogen der Stiege ist an der Hofseite flacher ausgebildet. Hier sind die Zwischenpodeste angelegt, von denen aus die Galerien zu betreten bzw. durch Fensteröffnungen einzusehen sind. In der Mitte des Turmes befindet sich eine gemauerte Spindel, die geschoßweise in der Gestaltung variiert; ihr hohler Kern wird stellenweise durch Schlitze nach außen geöffnet. Während sich im Bereich der Stiegen ungegliederte Decken befinden, sind über den Podesten flache Tonnen mit Stuckkassetten angelegt worden.

Der schönste Raum des Erdgeschosses liegt ebenfalls im Südflügel parallel zur Galerie. Der sogenannte **Jagdsaal** ist ein rechteckiger Raum mit vier Fenstern nach Süden und dreien zum Hof. In der Längsachse stehen in der Saalmitte zwei kannelierte Sandsteinsäulen, von denen die östliche das Steinmetzzeichen Hans Strols und die Jahreszahl 1569 aufweist. Damit ist zugleich auch eine Datierung der aus sechs Feldern bestehenden, mit stuckierten Kassetten gefüllten Decke möglich, die vor Aufstellung der Säulen nicht eingezogen werden konnte. Die Stukkaturen auf den Kreuzgratgewölben könnten von den erst wenige Jahre zuvor erschienenen Vorlagebüchern des italienischen Architekten und Theoretikers Sebastian Serlio beeinflußt sein, die der kunstinteressierte Bauherr durchaus für sich erworben haben könnte oder die sich die Stukkateure als Motivsammlung zulegten. Auch in den westlich des Jagdsaales gelegenen Räumen und denen im südlichen Teil des Westflügels haben sich die wesentlichen Teile der zwischen der Mitte der sechziger Jahre und 1586 entstandenen Innenarchitektur erhalten. Der **kleine Vorraum zum Jagdsaal** mit seinen Stichkappengewölbe ist insofern eine Besonderheit, als er mit sgraffito-ähnlichen Malereien im Deckenbereich ausgestattet wurde, für die es sonst im Schloß keine Parallelen gibt. Während die recht- und dreieckigen Felder auf schwarzem Fond mit feingliedrigem Arabeskenwerk gefüllt sind, wird die Deckenstruktur durch die auf ebenfalls dunklem Grund angelegten Kettenfriese, die die Grate begleiten, unterstrichen.

Der anschließende westlichste Raum des Südflügels enthält in den Zwickeln und Wölbungen der Stichkappen konzentrisch angeordnete Dreieckfelder. Den rechteckigen Deckenspiegel umgeben paarig angeordnete Konsolen und ein Rahmen aus geometrisch gegliederten Kassetten. Das Mittelfeld verzieren in Rollwerkkartuschen Diamantbuckel, Palmetten und Halbbaluster. Von dem Raum aus ist das im südwestlichen Eckturm gelegene oktogonale Kabinett erreichbar. Die acht Stichkappen der Decke oberhalb des umlaufenden Palmettenfrieses sind mit herzförmigen Stuckauflagen gefüllt und die Fensternischen mit solchen in groben Beschlagwerkformen. Die Gewölbegrate laufen in der Raummitte in einem hängenden

Schlußstein zusammen, der als Pinienzapfen ausgebildet wurde.

Während die beiden letztgenannten Stuckdecken wahrscheinlich in den frühen siebziger Jahren des 16. Jahrhunderts entstanden und in ihren Formen Elemente sowohl italienischer als auch niederländischer Herkunft enthalten, sind die beiden nördlich angrenzenden Räume wohl allein von italienischen Stukkateuren ausgestattet worden. Obwohl die »Große Hofstube« ein Doppelwappen Herzog Ulrichs und seiner ersten, 1586 verstorbenen Gemahlin Elisabeth von Dänemark aufweist, ist damit nur das Datum der spätestmöglichen Entstehung dieser Decke gegeben. Wahrscheinlicher ist ihre Ausführung bereits 1566/67. Das kassettier-

Schloß, Südflügel, Jagdsaal

Schloß, Südflügel, Deckenmalerei im Vorraum zum Jagdsaal

te Spiegelgewölbe enthält hier im Spiegel Rosetten. Die Grate der Stichkappen sind zu Blattstäben mit Knospen ausgebildet. Ein kleines Relief in der nordwestlichen Fensternische stellt den Kampf von Herkules mit dem Löwen dar – ein Motiv, das in der antikisch beeinflußten italienischen Kunst der Zeit häufiger vorkommt. Die Wahrscheinlichkeit, daß hier italienische oder in Italien geschulte Stukkateure am Werk waren, unterstreichen auch die von der kunstgeschichtlichen Forschung hergestellten stilistischen Bezüge zu der 1550 bis 1560 im Rathaussaal von Poznań durch den aus Lugano stammenden Meister Johann Baptist Quadro geschaffenen Stuckdecke.

Der nördlich anschließende kleinere Raum, die »Wachstube«, ist ähnlich stuckiert. Die Grate sind auch hier zu Blattstäben umgebildet und die kassettierten Felder werden von Perl- und Eierstäben gerahmt. An allen Stuckdecken wurden im übrigen bei den letzten Restaurierungsarbeiten auch Farbspuren gefunden, doch erfolgten die Wiederherstellungen nicht immer auf der Basis der nachgewiesenen Befunde.

Zu den Bereichen, die sicher ebenfalls auf Drängen des Bauherrn relativ früh ihre Endgestalt erhielten, zählt die Tordurchfahrt. Ihre Kassettierung unterscheidet sich nicht grundsätzlich von der in den südlich anschließenden Räumen. Die hier erhaltenen Reste figürlicher und ornamentaler Malerei gehen wohl nur noch zum geringen Teil auf das mittlere 16. Jahrhundert zurück.

Von den Räumen des nördlichen Teiles des Westflügels und des Nordflügels hat wohl keiner eine aufwendigere Innenausstattung erfahren. Heute kann lediglich die für gastronomische Zwecke genutzte ehemalige Küche im Keller des Nordflügels mit ihrer schlichten, zum Teil rekonstruierten Innenarchitektur noch ein gewisses Interesse erwecken.

Umso großzügiger verfuhr man bei der Ausgestaltung der für Repräsentationszwecke gedachten Räume im ersten Obergeschoß von Süd- und Westflügel.

Der größte Raum ist der **Festsaal im östlichen Teil des Südflügels**. Er gleicht in seinen Abmessungen dem darunterliegenden Jagdsaal. In seiner heutigen Gestalt ist er das Ergebnis einer sich etwa über ein halbes Jahrhundert hinziehenden Ausbauphase. Zunächst war der Saal mit einer freitragenden Holzbalkendecke ausgestattet worden und hatte als besonderen Schmuck eine sechzehn stuckierte Wappen und Inschriftenkartuschen umfassende, auf die Ahnen Herzog Ulrichs Bezug nehmende Genealogie erhalten, die vermutlich Forschungsergebnisse des Rostocker Theologen David Chyträus verwendete, der zu dieser Zeit an einer Genealogie

Schloß, Südflügel, Festsaal

Schloß, Südflügel, Festsaal, Hirsch-Reh-Fries (Ausschnitt)

des mecklenburgischen Herzoghauses arbeitet. Sie bildete später auch die Basis für die großen Stammtafeln über den Herzogs-Epitaphien im Dom. Darunter umzieht den Saal, einschließlich der Fensternischen in den Längswänden, ein farbig gefaßter und plastischer **Fries aus Hirschen und Rehen**. Er gilt als das eigentliche Hauptwerk von Christoph Parr in Güstrow und muß nach den urkundlichen Belegen zwischen 1569 und 1571 entstanden sein. Solche Darstellungen waren in den fürstlichen Schlössern der Zeit durchaus nicht ungewöhnlich, wie sich durch zahlreiche, allerdings in den Ausmaßen geringere Beispiele verdeutlichen ließe. Die beiden hölzernen Säulen, die heute in der Längsrichtung mittig im Saal stehen und einen stuckierten Unterzug tragen, sind erst eingebaut worden, als

sich die Holzbalkendecke unter ihrem Eigengewicht sichtbar durchbog. Wohl gleichzeitig sind die Deckenauflager an den Wänden durch Streichbalken verstärkt worden. Auch die Einfügung der Wandpfeiler, die teilweise zu Beschädigungen des Wildfrieses führte, ist vermutlich um das Jahr 1598 erfolgt. Fünf Jahre zuvor hatte Claus Midow als kleine Empore den sogenannten Trompeterstuhl in die Westwand des Saales eingebaut.

Nach dem Tode Herzog Ulrichs im Jahre 1603 bestand zunächst keine Veranlassung, Veränderungen an der Ausgestaltung dieses Saales vorzunehmen. Erst als Herzog Johann Albrecht II. 1616 mit der Ausstattung wichtiger Räume fortfuhr, bezog er in das Vorhaben auch den Festsaal mit ein. Er beauftragte den Stukkateur Daniel

Schloß, Südflügel, Festsaal, Detail aus der Stuckdecke

Anckermann mit der Herstellung einer Kassettendecke, die mit ihren insgesamt 43 Feldern zu den größten Beispielen ihrer Art in Deutschland gehört. Anckermann war wahrscheinlich Mecklenburger und arbeitete später auch in den ebenfalls zum Güstrower Landesteil gehörenden, 1945 zerstörten Schloß Dargun. Seine Stukkaturen sind körperhaft und ein wenig derb, erhalten aber durch das erzählerische Element in der Darstellungsweise eine angenehme Frische, wie sie den manierierten Schöpfungen späterer Jahre häufig abgeht.

Die Einteilung der 1620 vollendeten Decke erfolgte unter Berücksichtigung des raumtrennenden Unterzuges in

rechteckige Felder; nur auf der Südseite verwendete man die Fläche von vier normalen Feldern für ein wesentlich größeres Deckenfeld, das von einer breiten Rahmung eingefaßt wird. Ob sich darunter der Sitzplatz des Herzogs befunden hat, ist heute nicht mehr zu sagen. Die übrigen Felder sind durch kräftige Stuckprofile voneinander getrennt. Die Schnittpunkte werden dabei durch plastisch stuckierte Hängezapfen betont.

Vom Inhaltlichen her sind die Felder nicht ganz einheitlich: Die meisten enthalten szenische Reliefs, einige wenige figürliche bzw. vegetabilische Kartuschen, dazu kommen drei Wappenfel-

der. Interesse verdienen die 28 Jagd-
und Kampfszenen mit Motiven aus Eu-
ropa, Asien und Afrika. Dafür konnte
als Vorlage das von dem Niederländer
Philipp Galle 1585 in Antwerpen edier-
te Kupferstichwerk »Venationes fera-
rum, avium, piscium, Pugnae bestia-
orum et mutuae Bestiarum« nachgewiesen werden. Dieses Werk fußt auf
Zeichnungen des Jan van der Straet
(Stradanus), die um 1567 in Florenz
entstanden sind. Einige Szenen scheinen
auch auf anderen Vorlagen zu basieren,
vielleicht nach Ornamentstichen
oder Blättern von Vredeman de Vries
oder Hans Kilian; das gilt vor allem
für den kartuschengerahmten Dekor
im nordwestlichen Deckenbereich.

Wahrscheinlich nach eigenen Vorlagen
gestaltete der Stukkateur die Wappen-
felder mit den von Engeln und Putten
begleiteten Wappenschilden Herzog Johann Albrechts II. und seiner beiden
Gemahlinnen.

Vermutlich erfolgte im Jahr 1575 die
Ausgestaltung der bereits im **Westflügel**
liegenden »**Oberen Hofstube**« (auch
Hofhaltungsraum, heute mitunter
»**Parr-Saal**«). Sie besitzt eine stuckierte,
durch ihre Farbigkeit in Gold, Rot und
Blaugrau besonders kostbar wirkende
Kassettendecke, in die runde Medaillons
mit Fruchtbündeln, Maskenköpfe und
allegorischer Figurenschmuck eingefügt
wurden. Die Decke erinnert mit ihrem
Formenapparat an niederländische Vor-

Schloß, Westflügel, Obere Hofstube (Parr-Saal)

Schloß, Westflügel, Obere Hofstube, Stukkatur einer Fensternische

bilder, die möglicherweise von Ornamentstichen des Cornelis Floris abgeleitet wurden. Eine reiche Ausgestaltung erfuhren auch an sich unbedeutende Nebenbereiche wie beispielsweise die Wölbung in der Nische des zum Hof weisenden Fensters. Hier sind zahlreiche stuckierte Felder unterschiedlichen Formats mit ornamentalem und figürlichem Schmuck versehen worden. Die Beschlag- und Rollwerkformen der Einfassungen erinnern ebenfalls an niederländische Vorbilder, ebenso wie die Fruchtbündel und Maskenköpfe. Das gemalte feingliedrige Maureskenband ähnelt dagegen der Ausmalung im Vorraum des Jagdsaales. Mit der Darstellung des legendären Rittes von Marcus Curtius in die feuerspeiende

Erdspalte wird hier wie an anderen Orten überliefertes antikes Gedankengut verarbeitet. Auch andere Details, wie die Rahmung einer Geweihtrophäe mit einer Kartusche und Fruchtbündeln und die Stukkaturen der darüber befindlichen Nische mit dem von Rollwerk, Putten und Fruchtbündeln umgebenen Wappen unterstreichen die Bedeutung dieses Raumes. Er hat nach seiner Restaurierung einen nach Befunden rekonstruierten Fußbodenbelag aus farbig glasierten Platten zurückerhalten, der eine Vorstellung davon vermittelt, wie vermutlich die Mehrzahl der repräsentativen Räume des Schlosses im Bodenbereich ausgestattet war. Rekonstruiert wurde auch der Plattenboden im nördlichsten Raum des Westflügels.

Von den übrigen Räumen des ersten Obergeschosses ist noch das im südwestlichen Eckturm gelegene **Kabinett** erwähnenswert. Seine Ausgestaltung erfuhr es erst nach dem Dreißigjährigen Krieg in der Regierungszeit Herzog Gustav Adolfs. Seine Ausmalung wurde nach 1970 bei den Restaurierungsarbeiten entdeckt, anschließend freigelegt und wiederhergestellt. Sie fand sich auf den Wänden, in den Fensternischen und am achtteiligen Kappengewölbe. Die Wandbemalung ist illusionistisch angelegt und täuscht eine reiche plastische Raumgliederung vor. Sie besteht aus einem kräftig verkröpften Gesims mit Zahnschnitt, unter das an den glatten Wandflächen von Pilastern gerahmte, mehrfach abgestufte Rundbogennischen gestellt sind, in denen sich an den drei glatten Wandflächen figürliche Darstellungen befinden, die ikonographisch bisher nicht zu deuten waren, obwohl ein Krieger und eine weibliche Allegorie zu erkennen sind. In die schmalen, seitlichen Fensterleibungen sind senkrecht angeordnete Fruchtgehänge eingefügt. Solche Nischenbemalungen finden sich in der Renaissancekunst des späten 16. und frühen 17. Jahrhunderts mehrfach, so beispielsweise im Schloß Wilhelmsburg in Schmalkalden, aber auch in anderen deutschen Kunstlandschaften. Weitaus interessanter ist die Malerei an der Decke, vor allem wegen des hier verwirklichten und inzwischen erkannten ikonographischen Programms. Dargestellt sind Allegorien der vier Weltreiche, jeweils verbunden mit einem Fabelwesen und einer historischen Szene. Als Vorlage für diese Ausmalung hat die zwischen 1630 und 1634 erschienene

Kupferstichfolge von Johann Ludwig Gottfried, »Historische Chronik der vier Monarchien von Erschaffung der Welt bis auf das Jahr Christi 1619«, gedient, zu der Matthäus Merian d. Ä. die Kupferstiche anfertigte. So ließen sich die Szenen als der Turmbau zu Babel, verbunden mit dem für Assyrien und Babylon stehenden geflügelten Löwen, die Eroberung Babylons durch den Perserkönig Kyros mit dem Symboltier des Bären, die Unterwerfung des Perserkönigs Darius durch Alexander den Großen mit dem geflügelten mehrköpfigen Panther als Symbol des griechischen Reiches und schließlich die fünffach gehörnte Wolf samt des in der Schlacht siegreichen Julius Cäsar als Vertreter Roms identifizieren. Was den erst 21jährigen Herzog bewogen haben

Schloß, Südflügel, Kabinett im südwestlichen Eckturm

kann, dieses sehr anspruchsvolle Bildprogramm für die Ausstattung des von ihm vermutlich als Arbeitsraum genutzten Turmkabinetts zu wählen, ist unbekannt. Immerhin konnte das stete Vorbild der großen antiken Weltreiche Ansporn für den humanistisch gebildeten Herrscher sein, eine adäquate historische Stellung anzustreben.

Schließlich scheint hier ein Hinweis auf die technische Ausführung der Malerei notwendig, war sie doch in diesem Fall ausschlaggebend für die gewünschte Wirkung. Es ließ sich feststellen, daß der Putz an den Wänden in Tagewerken aufgebracht und anschließend bemalt wurde. Weil der Putzgrund rasch austrocknete, mußte man bald von der echten Fresko-Technik abgehen und mit Temperafarben in Secco-Technik weitermalen. Die Malerei an der Decke ist dagegen fast vollständig als echtes Fresko ausgeführt worden. Um die illusionistische Ausgestaltung des Raumes zu steigern, ist neben den herkömmlichen Farben auch Blattmetall verwendet worden, so am gemalten Architrav Gold und Kupfer bei den Standfiguren und den Deckengemälden. Diese Höhung einer monochromen Malerei hat in der norddeutschen Kunst nicht ihresgleichen; Parallelen bieten sich zu Italien an, wo zur gleichen Zeit Vasari Beispiele von Sgraffiti und der Chiaroscuro genannten Hell-Dunkel-Malerei beschrieb und dabei auch die Imitation von Materialien wie Bronze erwähnt. Leider fand sich bisher kein Hinweis auf den Schöpfer dieser Ausmalung, der möglicherweise zusammen mit Charles Philippe Dieussart an den Güstrower Hof gekommen ist. Die Qualität vor allem der Deckenmalerei läßt den

Schluß zu, daß hier ein Künstler am Werk war, der bereits Erfahrungen in dieser Technik gesammelt hatte.

Im **zweiten Obergeschoß** ist die Zahl der historischen Innenausstattungen klein. Neben zwei Räumen im Westflügel mit wahrscheinlich ursprünglichen Kassettendecken aus Holz, wovon eine auf zum Teil erhaltenen figürlichen Konsolen ruhte, sind es mehrere Stukkaturen kleineren Formates, die Beachtung verdienen. Ins 16. Jahrhundert gehen zwei Ausgestaltungen von Fensternischen im Raum über der »Oberen Hofstube« mit einem von Rollwerk, Fruchtgehänge und Putten gerahmten Doppelwappen des Bauherrn und seiner ersten Gemahlin, das also vor 1586 entstanden sein muß. Eine zweite Darstellung ist die ebenfalls in ein mittig sitzendes Medaillon zwischen Blattwerk und Fabeltieren eingebettete Szene mit Jacobs Traum von der Himmelsleiter. Für sie könnte ein Ornamentstich des Cornelis Floris als Vorbild gedient haben. Bereits ein Werk des frühen 17. Jahrhunderts ist die figürliche Stuckdecke im Kabinett des südwestlichen Eckturmes. Sie füllt ein oktogonales Mittelfeld und stellt den von Apollo, Pegasus, Neptun und den neun Musen bevölkerten Parnaß dar, außen umgeben von einem Kranz aus Blumen und Rankenornamenten.

Mit den im dritten Viertel des 17. Jahrhunderts vorgenommenen Arbeiten zur Ausgestaltung einzelner Räume endet die mehr als einhundertjährige Periode des Baues und der künstlerischen Ausstattung.

Die entwicklungsgeschichtliche Einordnung des Schlosses und hier vor allem der zwischen 1558 und 1565

unter Leitung von Franziskus Parr errichteten Flügel hat die kunstgeschichtliche Forschung schon früh beschäftigt.
Dabei hat die Einmaligkeit dieses Bau-
werkes innerhalb der deutschen Schloßbaukunst in der zweiten Hälfte des 16.
Jahrhunderts niemals außer Zweifel gestanden, denn für Güstrow gibt es
weder einen unmittelbaren Vorläufer
noch einen Nachfolgebau. Das verwundert um so mehr, da in der unmittelbaren Nachbarschaft mit den Schloßbauten in Schwerin und Wismar in der
Mitte der fünfziger Jahre des 16. Jahrhunderts ebenfalls originäre Bauwerke
entstanden waren, deren gestalterische
Eigenheiten, wie der aus der oberitalie-
nischen Palastarchitektur abgeleitete
Terrakottadekor oder Raumlösungen
wie Kapelle und das Treppenhaus in
Schwerin, durchaus nachahmenswert
gewesen wären.

Die Eigenart des Güstrower Schloßbaues beruht wohl vor allem auf der
Person des für die erste Bauphase ver-
antwortlichen Architekten. Leider ist
unbekannt, wie und wo sich Franziskus
Parrs Ausbildung vollzog und welchen
Anteil er an den im zweiten Viertel des
16. Jahrhunderts unter wesentlicher Beteiligung von Mitgliedern seiner Familie
in Schlesien, vor allem in Liegnitz (Leg-
nica) und Brieg (Brzeg) errichteten
Schlössern hat. Seine phantasievolle und
meisterhafte Lösung in Güstrow läßt
vermuten, daß er die süd- und westeu-
ropäischen zeitgenössischen Schloßbauten nicht nur über Vermittler, sondern
wohl auch durch persönliche Inaugen-
scheinnahme kannte.

Schon die oben erwähnten schlesischen Schloßbauten vereinen in sich
Einflüsse italienischer und französischer

Vorbilder, und auch in Güstrow griff
Parr darauf zurück. Die Homogenität
der Lösung zeugt für seine gestalterischen Qualitäten. Ein Versuch, die
Komponenten französischen, italienischen und deutschen Einflusses zu tren-
nen, ist daher nicht einfach. Wohl unzweifelhaft ist der französische Einfluß
bei der Konzipierung einer Vierflügel-
anlage mit Innenhof. Auf die besondere
Betonung der Gebäudeecken durch pa-
villonartige Gliederungen hat ihr Vorbild in Frankreich, ebenso die separate
Ausbildung von Dächern über den einzelnen Bauteilen. Vielfach hingewiesen
hat die Forschung auf die Bewegtheit
der Dachlandschaft, die vor allem durch
die zahlreichen, zu Kleinarchitekturen
gewordenen Schornsteine erreicht wird.
Aber auch Details wie die Konsolen des
Traufgesimses finden sich an französischen Schloßbauten wieder.

Es kann kaum verwundern, daß ein
Architekt italienischer Herkunft auch in
der Baukunst seiner Heimat Vorbild-
haftes für sein Schaffen sah. So vermit-
telte ihm die Lombardei, die Herkunfts-
landschaft der Familie Parr, das Gefühl
für die plastische Behandlung der Fassaden. Parr erreicht eine außerordentlich
dynamische Gliederung, indem er vertikale Elemente wie die halbrund vorspringenden Türme mit horizontalen
Elementen wie den kräftig ausgebildeten Gesimsen verbindet. Eine ursprünglich italienische Erfindung, Werkstein
durch Putzrustika zu imitieren, hatten
auch die Franzosen in der zeitgenössischen Schloßbaukunst vielfach ange-
wendet und variiert, und auch Franziskus Parr greift in Güstrow auf sie
zurück und setzt sie meisterhaft zur
Fassadengestaltung ein. In der Variante,

einen Treppenturm vor die Mitte des
Südflügels zu setzen, könnte man fran-
zösischem Vorbild gefolgt sein. Parr
aber wandelt das Beispiel der eckigen
oder polygonalen Stiegentürme der
französischen Schlösser zu der elegante-
ren Lösung des runden Turmes ab, den
er weit in das Gebäudeinnere einzieht.
Das scheint angesichts der in der Spätgotik und Frührenaissance erreichten
Freistellung der Wendelsteine (Meißen,
Torgau, Berlin) eine Rückkehr zu älteren Traditionen zu sein. Hier brachte er
aber die Möglichkeit zur direkten Verbindung von Turm und den seitlich an-
setzenden Galerien, die überdies durch
die volle Einbeziehung des Turmes in
den Grundriß als gedeckte Gänge ausgeführt werden konnten. Die breite und
wegen ihrer elliptischen Grundform
und der Podeste bequeme Treppe weist
ihren Schöpfer als einen modernen Architekten aus. Den Turm bekrönt er
mit einem Belvedere, für das die italienische Kunst des 15. Jahrhunderts
reichlich Vorbilder geliefert hat, und
läßt den Turmaufbau insgesamt in einer
Halbkuppel enden. Brandin kann dieser
Lösung ein Vierteljahrhundert später
nichts Gleichwertiges gegenüberstellen:
So variiert er das Motiv des Doppel-
turms, den er nach allgemeiner Manier
durch einen plastisch dekorierten Erker
und zwei verschieden hohe Hauben mit
Laternen aufwertet. Italienisch, vor
allem durch ihre Details, wirkt auch das
architektonische Schmuckstück des
Hofes: die Galerie des Südflügels. Sie
wurde erst nach Parrs Weggang vollendet. Ihr gestalterisch schwächeres zwei-
tes Obergeschoß war zwar von An-
beginn an konzipiert, doch ist das Dach
nach Ausweis der Gliederungen an der

Nordwestseite des Treppenturmes eine
spätere Zutat, entsprungen wohl den
Wünschen des fürstlichen Auftraggebers. Des direkten italienischen Einflusses bedurfte es bei der Konzipierung
der Galerie indes nicht mehr, denn dieses architektonisch reizvolle Bauglied
hatte bereits auch in zahlreichen Varian-
ten an deutschen Schloßbauten Anwendung gefunden, ebenso wie die Kombination von großer Durchfahrt und
kleiner Pforte als Gestaltung des Haupt-
portals.
Daß in Güstrow trotz alledem der
Schloßbau auch in deutscher Tradition
steht, belegt der Stellenwert, den die
Giebel erhielten. Zwar wurde nur der
südwestliche wirklich nach Parrs
Entwurf realisiert, doch ist er schon
allein mit seiner Größe und reichen
Durchbildung ein wirkungsvolles Element der asymmetrischen Fassadengestaltung und steht damit in deutscher
Tradition.
Letzteres läßt sich auch für den unter
Brandin mit Anklängen an die niederländische Baukunst errichteten Nordflügel sagen, dessen weit bescheidenere
Architektur freilich nicht Brandin allein
zu verdanken ist, wie oben schon
erwähnt wurde.
Waren bei der Außenarchitektur das
Parrsche und später das Brandinsche
Konzept für die Ausführung, wenn auch
mit Abweichungen, maßgebend, so läßt
sich gleiches für die innere Ausgestaltung nicht feststellen. Wohl dürften
der Grundriß und die Raumhüllen im
Süd- und Westflügel noch weitgehend
zu Parrs Zeit festgelegt und ausgeführt
worden sein; bei der Ausgestaltung sorg-
ten allein die Vielzahl der Künstler und
die Dauer der Arbeiten für eine erstaun-

iche Vielfalt. Hier sind mit stilistischen Vergleichen italienische, niederländische oder deutsche Künstler leichter zu unterscheiden, wenn es auch vielfach nicht gelingt, die Stukkaturen eindeutig bestimmten Meistern zuzuordnen.

Die Beschreibung und Würdigung des Renaissanceschlosses wäre unvollständig ohne eine Betrachtung des **Schloßgartens**, der sich südlich und westlich vor dem Bauwerk befindet. Leider ist die historische Anlage in den Jahrhunderten nach der Aufgabe des Schlosses als Residenz schnell und vollständig verfallen. Die graphischen Blätter aus dem 17. und 18. Jahrhundert überlieferten zwar die Gestaltung eines zwischen Pforthaus und Westflügel beiderseits der Brücke gelegenen kleinteiligen Brunnengartens und eines größeren, mehrfach untergliederten Gartenraumes südlich des Schlosses. Davon haben sich jedoch weder Bäume noch Gehölze erhalten und selbst die Wassergräben waren spätestens im 19. Jahrhundert bei der Umgestaltung des Geländes und der späteren Parzellierung für Kleingärten zugeschüttet oder verlegt worden.

Bei der 1978 weitgehend abgeschlossenen Rekonstruktion mußte man deshalb vor allem auf die oben erwähnten bildlichen Darstellungen zurückgreifen. Sie zeigten den südlichen Teil als großen Festraum mit einer rahmenden Lindenallee und in neun quadratische Sondergärten unterteilt, davor sind die zum Schloß überleitenden steinernen Terrassen erkennbar. Der Garten zu beiden Seiten der Brücke nahm mit einer kleinteiligen Anordnung auf die beengte räumliche Situation Bezug. Er war durch eine wohl erst im 17. Jahr-

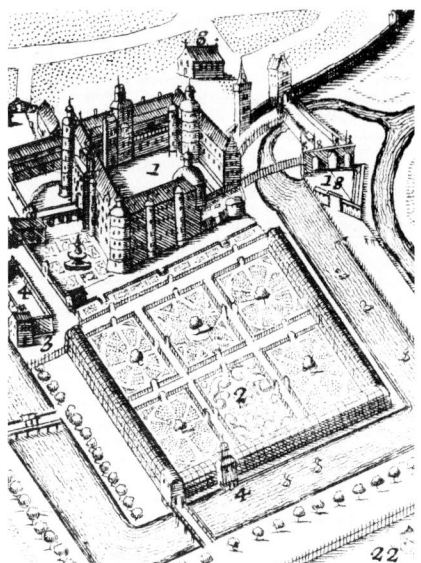

Schloßgarten, Ausschnitt aus einem Kupferstich von 1717

hundert angelegte doppelläufige Treppe von der Brücke aus erreichbar.

Die Anlage eines **Kunstgartens** zusammen mit dem Schloßbau im dritten Viertel des 16. Jahrhunderts kann nur vermutet werden; eindeutige archivalische Beweise existieren nicht. Wahrscheinlich war er wie vergleichbare Beispiele eine Mischung aus Nutz- und Ziergarten. Für die kurze Wallensteinsche Ära dagegen geben die Quellen erschöpfend Auskunft. Noch im Jahr seiner Ankunft in Güstrow (1628) ließ der kaiserliche Feldherr nach Abschluß eines Arbeitsvertrages mit dem Gärtner Lachner und Entwürfen seines Architekten Pironi umfangreiche Maßnahmen im Garten einleiten. Lachner wurde zu Studienzwecken nach Italien geschickt, wo zur damaligen Zeit eine größere Zahl von Gartenprojekten realisiert wurde, darunter prachtvolle Anlagen in Hanglage mit Mauern und Terrassen, breiten Treppen, Wasserfällen und durch regelmäßig geschnittene Hecken unterteilten Räumen. Die Schnittpunkte der Wege betonte man durch Springbrunnen, Lauben oder getopfte Bäume.

Labyrinthe und farbige Blumenbeete gehörten ebenfalls zum Gartenbild jener Zeit, doch ließen sich diese Anregungen in Güstrow wegen der topographischen und klimatischen Verhältnisse nur in vereinfachter Form nachbilden. Die Terrassen vor dem Südflügel, ihre breiten Treppen zum unteren Gartenbereich, die Laubengänge, der Springbrunnen im westlichen Teil u. a. könnten aber auf Grund von Lachners Studien angelegt worden sein, wenn man die erst um die Mitte des 17. Jahrhunderts entstandenen Abbildungen als Dokument anerkennt.

Durch die Rekonstruktion wurde vor dem Südflügel die 80 Meter lange Mauer mit einer Sandsteinverkleidung und den Treppen zurückgewonnen. Die neun Sondergärten wurden geometrisch gegliedert und nach Analogiebeispielen mit farbigen, kontrastierenden Blumen und Gehölzen bepflanzt, u. a. Lavendel, Ziergemüse. Buxusrahmungen sorgen für die scharfe Abgrenzung der einzelnen Flächen. Eine architektonische Einfassung des gesamten großen Gartenbereichs, die vor allem auch durch die veränderte Umgebung des Schlosses notwendig wurde, bezweckte man mit der Neuanlage der historisch verbürgten Laubengänge aus Hainbuchenpflanzungen. Noch nicht voll verwirklicht ist die Wiederherstellung des Brunnengartens.

In direktem Zusammenhang mit dem Ausbau des Schlosses zur landesherrlichen Residenz steht auch die **Umgestaltung des Domes** zur Hofkirche, die von 1566 bis 1569 besonders auf Betreiben der Herzogin vorgenommen wurde und die äußerlich durch die Errichtung eines zweigeschossigen Ganges zwischen Schloß und Kirche ihren Ausdruck fand. Im Dom selbst waren nach der Schließung der Kirche im Zusammenhang mit der Auflösung des Domkapitels durch mangelnde Pflege erhebliche Bauschäden entstanden, die behoben werden mußten, gleichzeitig waren den praktischen Erfordernissen dienende Ausstattungsstücke wie eine Kanzel, ein Taufbecken und vor allem Gestühl neu einzubringen.

Das älteste nachreformatorische Ausstattungsstück ist die **steinerne Kanzel**. Als Verkündigungsstätte für den evangelischen Gottesdienst ist sie von besonderer Bedeutung und deshalb auch im Dom an zentraler Stelle, am nördlichen Querhauspfeiler am Übergang zum Chor plaziert. Ihr Schöpfer ist vermutlich Christoph Parr. Die Aufstellung der Kanzel dürfte gegen Ende der Umbauphase um 1569/70 erfolgt sein. Wenige Jahre zuvor (1560 bis 1563) hatte Christophs Bruder Johann Baptist den Neubau der Schweriner Schloßkapelle geleitet. Wahrscheinlich hatte Christoph dort die neue Ausstattung gesehen, die Herzog Johann Albrecht I. aus Sachsen bezogen hatte. So verwundert es nicht, daß Christoph Parr den runden Korb der auf das Torgauer Vorbild zurückgehenden Schweriner Schloßkirchenkanzel in Güstrow wiederholt und sie ebenfalls mit drei Reliefs schmückt, von denen allerdings nur eines, der Auftritt des zwölfjährigen Jesus im Tempel, auch in Schwerin zu finden ist. Christi Taufe und die Predigt des Petrus als auch die weiteren Bildthemen unterstreichen den deutlich protestantischen Charakter dieses Werkes. Eine Balustersäule und die mit Engelfiguren und Rollwerkkartuschen besetzte Konsole stützen den Korb, dessen Reliefs Parr wohl nach graphischen Vorlagen italienischer oder von dort beeinflußter Künstler schuf.

Erst 1591/92 ist von Philipp Brandins Mitarbeitern Claus Midow und Bernd Berninger – als Ersatz für die nicht mehr brauchbare frühgotische Fünte – eine **Taufe** angefertigt worden. Sie ist eine Arbeit aus Sandstein mit Alabastereinlagen. Der zugehörige zeitgleiche Deckel ist eine Holzschnitzarbeit. Das flache halbkugelige Becken wird von einer kräftig profilierten Mittelstütze getragen, der vier freigestellte Hermenpilaster zur Unterstützung zugeordnet sind. Die Wandung des Beckens füllen von Rollwerk gerahmte Inschrifttafeln bzw. Stifterwappen, getrennt werden die Felder durch Auflagen mit Fruchtbündeln. Den oberen Beckenrand umgeben Cherubköpfe und ein Palmettenfries. Auch am hölzernen Deckel dominiert die typisch niederländisch geprägte Ornamentik der Brandin-Werkstatt. Für die Klosterkirche in Dobbertin schuf die Werkstatt 1586 ein ähnliches Stück.

Die umfangreichste Arbeit für die neue Hofkirche aber waren die für die Angehörigen der herzoglichen Familie und einen Teil ihrer Vorfahren in Auftrag gegebenen Grabmäler und Epitaphien, mit denen Philipp Brandin und seine Mitarbeiter Claus Midow sowie

Bernd Berninger im letzten Viertel des 16. Jahrhunderts fortwährend beschäftigt waren.

Den Anfang machte man mit einem **Kenotaph** für den inmitten des Chores beigesetzten Gründer der Kirche, Fürst Heinrich Borwin II. († 1226). Während von Hermenpilastern gerahmte Inschriftplatten die Seitenwände füllen, ist die marmorne Deckplatte mit dem fürstlichen Wappen, weiteren Inschriften und einem sparsamen Ornament geschmückt. Dieser 1574 vollendeten Arbeit Brandins folgte im Jahre darauf die große **genealogische Tafel** an der **Chornordwand**, für deren Herstellung die Recherchen des Rostocker Theologen und Historikers David Chyträus die Grundlage waren. Über die Liegefigur Heinrich Borwins II. wächst der sich verzweigende Stammbaum der herzogli-

Dom, Renaissancetaufe

chen Familie empor, seitlich gerahmt von kannelierten Säulen über ornamentierten Postamenten; ein kräftiger Architrav und eine Inschriftplatte mit ornamentaler Rahmung bilden den oberen Abschluß. 1575 waren die Arbeiten abgeschlossen, da erhielt Brandin bereits den Auftrag zu einem Epitaph für die im gleichen Jahr gestorbene Herzogin Dorothea. Stilistisch ist das **Dorotheen-Epitaph** dem unmittelbar zeitlich vorausgegangenen Werk verwandt. Es wiederholt über einem Wandgrab mit der Liegefigur der Verstorbenen die von Säulen gerahmte Inschrifttafel, deren ausladenden Architrav hier ein Salvatorrelief mit Rollwerkrahmung und zwei seitliche Figuren bekrönen. Die Liegefigur aus weißem Marmor mit den naturalistisch ausgeführten Details der Kleidung muß Brandin eigenhändig gearbeitet haben, denn er signierte die Plastik.

Das bedeutendste der Renaissancedenkmäler im Dom aber ist das **Ulrich-Monument**. Noch zu seinen Lebzeiten gab es der Herzog um 1575 in Auftrag; 1585 wurde es fertiggestellt. Da schon ein Jahr später die zusammen mit Ulrich dargestellte Herzogin Elisabeth starb, erhielt Brandin später den Auftrag, auch die 1588 von Ulrich als zweite Gemahlin geehelichte Anna von Pommern in dem Werk zu berücksichtigen. Brandins Tod 1594 hatte zur Folge, daß seine Schüler Midow und Berninger die Arbeit bis zur Vollendung im Jahre 1599 fortsetzten.

Grundsätzlich unterscheidet sich auch das Ulrich-Epitaph nicht von den vorangegangenen Arbeiten an den Grabmalen für Heinrich Borwin II. und für Herzogin Dorothea. Wie dort ist der

fürstliche Stammbaum bis zu den Ururgroßeltern mit Namenstafeln, Schildhalter und Wappen vor die Wand gestellt. Die großen Figuren von Prudentia und Fides in Gestalt von Karyatiden rahmen diesen Aufbau. Ihre plastisch ausgeführten Postamente enthalten acht Reliefs aus der Lebensgeschichte Christi. Über den durch kannelierte Pilaster geteilten Stammbaumtafeln befindet sich ein kräftiger Architrav, den Aufsätze mit Wappen und weitere allegorische Figuren bekrönen. Was dieses Denkmal von den vorangegangenen unterscheidet, ist die Wiedergabe der Personen. Ulrich und seine beiden Gemahlinnen ließen das Monument nicht nur zu ihren Lebzeiten errichten, sie ließen sich auch als lebende, hinter reich ornamentierten Pulten ins Gebet versunkene Personen darstellen. So wurden die lebensgroß dargestellten Figuren nicht nur zu prachtvollen Charakterstudien der drei fürstlichen Auftraggeber – die Porträtähnlichkeit ermöglicht die Identifizierung von Elisabeth und der unweit von ihr bestatteten Dorothea als Schwestern ohne Schwierigkeit –, zu kulturgeschichtlich einzigartigen Studienobjekten beispielsweise hinsichtlich der Kostüme. Sie geben darüber hinaus eine Vorstellung vom Selbstverständnis dieser Adligen, die gleichsam als leibhaftige Personen und als Abbild ihren Platz in Altarnähe beanspruchen.

Dieses Monument bezeugt das hohe Niveau der niederländisch geprägten Kunst des mittleren und späten 16. Jahrhunderts. Brandins Meisterschaft belegt aber auch die Farbzusammenstellung, die gerade in jenen Jahren noch von Bedeutung war. Unter Berücksich-

Dom, Dorotheen- und Ulrich-Epitaph, vorn der Kenotaph Borwins

Dom, Epitaph J. v. der Lühe

tigung einer kontrastreichen Wirkung wählte er schwarz für die Tafeln und roten Marmor für die gliedernden Pilaster und kombinierte sie mit dem für alle plastischen Teile verwendeten weißen Marmor.

Neben diesen fürstlichen **Grabmalen** treten die für Angehörige des Hofes und Güstrower Honoratioren geschaffenen Epitaphien, zumindest hinsichtlich ihres äußeren Aufwandes, in den Hintergrund. Drei dieser Gedächtnismale, die für den Goldschmied Hans Krüger († 1583), den Hofmarschall J. v. der Lühe (1588) und den Kammerherren J. v. Stralendorff († 1601), gehören in den weiteren Umkreis der herzoglichen Monumente und sind sicher Arbeiten aus den Werkstätten des Schlosses.

Nach der Einführung der Reformation begann auch die Bürgerschaft mit der teilweisen Neuausstattung ihrer Kirche. Was sie in den zwei Jahrhunderten bis zur Mitte des 18. Jahrhunderts in die Kirche einbrachte, macht die **Pfarrkirche** heute zu einem der mit wertvollen Kunstwerken bestausgestatteten Sakralbauten des mecklenburgischen Binnenlandes.

Man begann 1583 mit der Aufstellung einer **Kanzel**, für die laut den Unterlagen im Pfarrarchiv der aus Antwerpen stammende, zu dieser Zeit in Rostock ansässige Bildhauer Rudolf Stockman als Schöpfer gelten muß. Stockman gehörte wie Brandin und Midow zu den nach der Reformation in Mecklenburg arbeitenden Niederländern, die in der zweiten Hälfte des 16. Jahrhunderts entscheidend das Schaffen in der bildenden Kunst und Architektur bestimmten. Zwei weitere Kanzeln von Stockman gaben die Rostocker Bürger für die Jacobi- und Petrikirche (1582, 1588) in Auftrag. Für die Güstrower Pfarrkirche schuf Stockman ein aufwendiges Werk aus Portal, Aufgang, Korb und Schalldeckel Der Korb ruht auf einer ornamentierten Säule. Die Brüstung des Kanzelkorbes wird durch sechs männliche Figuren, unter ihnen sind die vier Evangelisten und der Salvator, gestützt. In den rundbogig gerahmten Feldern befinden sich Darstellungen aus dem Leben Christi (Taufe, Abendmahl, Kreuzigung, Ausgießung des Heiligen Geistes, Jüngstes Gericht) – Hauptstücke protestantischen Bibelverständnisses. Die am Aufgang wiedergegebenen biblischen Gestalten von Moses, David, Jeremias und Petrus sind Sinnbild für den Bund

von Altem und von Neuem Testament.
Weitere allegorische Figuren schmücken
den Deckel der Kanzel. Sie stehen als
kleine Ganzfiguren zwischen den mit
dem Stadtwappen, zwei Stifterwappen
und Cherubköpfchen gefüllten Orna-
mentkartuschen. Seltene Kunsttischler-
arbeiten sind die Türen zum Aufgang
und vor dem Korb. Die Tür im Portal
zum Kanzelaufgang enthält als In-
tarsienarbeit auf der Außenseite eine
Madonnendarstellung und auf der
Innenseite ein Bild Luthers. An der
Tür am Korb sind es Darstellungen Da-
niels bzw. Jacobs Traum von der Himmelsleiter.

Am Ende des Jahrhunderts, im Jahr
1599, erhielt die Kirche das prachtvolle
Ratsgestühl aus der Werkstatt des Rostocker Bildhauers Michael Meyer. Die

Pfarrkirche, Kanzel

Pfarrkirche, Ratsgestühl

Brüstung mit dem reichen ornamentalen und figürlichen Schmuck ist architektonisch gegliedert. In einer Arkadenarchitektur stehen in Muschelnischen Personifikationen der sieben freien Künste. Mehrere **Renaissanceepitaphien** geben einen Einblick in die Bildhauerei des späten 16. und frühen 17. Jahrhunderts. Das früheste Werk ist das Grabmal für den 1562 verstorbenen Superintendenten Gerd Oemcke, das seine Witwe zehn Jahre nach seinem Tod setzen ließ. Das architektonisch aufgebaute Bildwerk ist ein Hänge-Epitaph in klaren Formen. Auch das von Säulen gerahmte Mittelbild mit einer Darstellung der Auferstehung Christi gehört in diese Zeit. Aber bereits das 1597 entstandene Epitaph für Bernhard Hagemeister verwendet für ein Auferstehungsbild für den Rahmen reicheres Ornament, allegorische Figuren und fügt als Unterhang ein Bild der Familie des Verstorbenen an. Das 1610 entstandene Epitaph für J. Krüger ist eine Steinarbeit aus der Brandin-Werkstatt bzw. deren Nachfolge und verkörpert den Typ des architektonisch aufgebauten Epitaphs. Reicher allegorischer Bildschmuck, lateinische und deutsche Inschriften und zeitgenössisches Ornamentwerk – hier Rollwerk und Fruchtschnüre – sind die charakteristischen Elemente der Gestaltung, zu denen hier ein Mittelrelief mit der Vision des Jüngsten Gerichts kommt. Wie weit man in der Anwendung des Ornamentes und seiner plastischen Ausbildung geht, wird am Epitaph für Hans Nese, das 1615 entstand, gegenwärtig. Ein halbes Jahrhundert trennt es vom Oemckeschen Epitaph; doch gestalte-

risch verbindet beide nur noch wenig Gemeinsames. Das jüngste Werk ist mit figürlichen und ornamentalen Details so überladen, daß die mittlere Darstellung mit der Kreuzigungsszene ihre dominierende Stellung verloren hat und die unter dem Kreuz kniende Stifterfamilie nur dank des trennenden Gesimses wahrgenommen wird. Die Beschriftung ist zugunsten der Vergoldung und Polychromie in den Hintergrund gedrängt worden. An zeitgenössischer Ornamentik finden sich Buckelquader, Rollwerk und Schotenknorpel.

Wahrscheinlich ist auch die Wendeltreppe zur Orgelempore ein Werk der Renaissancezeit. Die illusionistische Bemalung der Unterseite der Treppen erinnert an die Sockelmalerei in der erhaltenen Stiftsdamenzelle im Nordwestflügel des Rostocker Heilig-Kreuz-Klosters, die man allgemein auf die Mitte des 16. Jahrhunderts festlegt. Auch die Datierung der Akanthusmalerei der Brüstungsfelder in diese Zeit ist denkbar. Vielleicht wurde der Einbau einer Empore mit Aufgang durch die Aufstellung einer neuen Orgel nach der Einführung der Reformation notwendig.

War die Bautätigkeit in Güstrow während der zweiten Hälfte des 16. Jahrhunderts auch eindeutig auf das Schloß konzentriert, so sind doch auch für den Bereich der Stadt und der damals noch nicht zu ihrem Jurisdiktionsbereich gehörenden unmittelbaren Umgebung des Domes (Domfreiheit) zahlreiche bauliche Maßnahmen zu konstatieren.

Die bedeutendste ist zweifellos die Errichtung der **Domschule** ab 1579. Das Gebäude ist damit der älteste erhaltene Schulbau in Mecklenburg und

steht zugleich am Beginn der massiv errichteten Bauten im Umfeld des Doms.
Noch ist die Baugeschichte dieses Gebäudes nicht völlig erforscht, so daß vorläufig unklar bleibt, ob der Neubau unter Einbeziehung eines möglicherweise älteren Fachwerkgebäudes (Speicher?) oder aber als Neukonstruktion entstand.

Domschule, Ansicht von Osten

Es überrascht zumindest, daß an der Rückfront das über dem massiven Erdgeschoß sichtbare Fachwerk nicht wie bisher stockwerksweise abgebunden wurde, sondern Hochständer aufweist, die an der unteren Schwelle durch Fußbänder verstärkt wurden. Während der Hoffront der lokalen Traditionen in der sichtbaren Fachwerkkonstruktion folgt, sind die dem Domplatz zugewandte Südseite und die östliche Schmalseite als verputzte Fassaden ausgebildet worden. Die 1696 vermutlich nach Bauschäden weitgehend erneuerte und heute mit einem barocken Giebel bekrönte westliche Schmalseite kann hier wegen ihrer späteren Veränderung außer Betracht bleiben. Philipp Brandin, der als Architekt des Hauses gilt und ein Jahr zuvor nach Güstrow gekommen war, hat die beiden Schaufronten nicht in der bisher von ihm angewandten niederländischen Manier als Kombination von Werkstein und Ziegelbau ausgeführt, sondern sie wohl auf Wunsch des Auftraggebers verputzt. Sie sind dreigeschossig, wobei die östliche Schmalseite aus städtebaulichen Gründen reicher gegliedert wurde. Über den drei durch Gesimse getrennten Geschossen erhebt sich ein zweigeschossiger Giebel, der im unteren Teil durch Pilaster strukturiert und oben durch einen halbrunden Abschluß mit Fialen und Kugeln bzw. Obelisken besetzt ist.

Eigenwillig sind am Bau die regelmäßig gereihten, geschoßweise unterschiedlich hoch ausgebildeten und nicht axial angeordneten Stichbogenfenster. Vielleicht ist auch dies durch älteres Fachwerk bedingt. Die südliche Längsfront ist deutlich vom nahen Bau des Schlosses beeinflußt, insbesondere von dessen Südfront. Für den Giebel finden sich im architektonischen Schaffen Brandins keine Vergleichsbeispiele.

Während das in gleichen Stilformen an der Nordseite des Hauses angefügte Wohngebäude im 19. Jahrhundert leider abgebrochen wurde, blieb das 1597 errichtete Portal zum Hof an der Schulstraße erhalten. Seine rundbogige Öffnung wird von Pilastern gerahmt, deren Fugen sich auf die Zwickelflächen über der Öffnung fortsetzen. Darüber befindet sich ein kräftiger, mehrfach profilierter Architrav und darüber ein kleiner ädikulaartiger Aufsatz mit seitlichen Volutenschwüngen, niedrigem Dreieckgiebel und einer Löwenplastik als oberstem Abschluß. Eine eingefügte Tafel nennt in lateinischer, hebräischer und deutscher Sprache die dem damaligen

Domplatz 15 und 16

prägten Hauses, wie auch Brandins bedeutendstes städtisches Wohnhaus, das 1569 bis 1571 errichtete Schabbell-Haus in Wismar. Das Güstrower Haus mit seinen Sandsteindetails konnte dank des zur Verfügung stehenden großzügigen Baugrunds als zweiflügeliges Gebäude errichtet werden. Dabei ist das Hauptgebäude ein zurückgesetztes dreigeschossiges Traufenhaus, dem am nördlichen Ende ein ebenso hoher Flü-

Domplatz 16, Portal

Bildungsideal entsprechenden Aufgaben der Schule. Das 1985 weitgehend rekonstruierte Portal wird an der Nordseite von einem kurzen Stück der ebenfalls nach Befunden wiederhergestellten Hofmauer in Fachwerk flankiert. Leider ist das Schulgebäude in späterer Zeit mehrfach verändert worden. Während es an der Fassade, außer der schon erwähnten Erneuerung der Westfront und der Versetzung des Doppelwappens der herzoglichen Stifter an das Gebäude des 1866/69 errichteten Gymnasiums am Goetheplatz, keine besonders schwerwiegenden Eingriffe gab, blieben im Inneren des Schulgebäudes keine sichtbaren Zeugnisse der einstigen Ausgestaltung erhalten.

In engem zeitlichen Zusammenhang mit der Domschule steht auch die Bebauung an der Ostseite des Domplatzes. Hier siedelten sich vorzugsweise Angehörige des Hofes an, die teilweise auch die Dienste des Hofbaumeisters in Anspruch nehmen konnten. So geht das laut Inschrift 1589 errichtete Lühesche Haus am **Domplatz Nr. 16** auf einen Entwurf Brandins zurück. Es ist ein typischer Vertreter des niederländisch ge-

gel mit einem straßenseitigen Giebel angefügt wurde. So ergab sich eine große
Zahl von Räumen mit Sicht auf den
Platz bzw. den Vorhof. Ob die Utlucht
in der rechten Achse des Hauptflügels
ebenfalls funktionellen Überlegungen
entsprang oder ob sie ein optisches Ge-
gengewicht zum nördlichen Flügel bilden sollte, sei dahingestellt. Bei den
Bürgerhäusern in der Stadt finden sie
sich auch häufig, meist als einseitig aus
der Fassade herausspringende, bis unter
die Traufe geführte ein- oder zweiachsige erkerartige Vorbauten, die den
Wohnraum vergrößerten und zugleich
die Sicht auf den Straßenraum durch
kleine Fenster in den Seitenwänden erheblich verbesserten. Die Bekrönung an
diesem Gebäude ist eine Zutat vom Anfang des 19. Jahrhunderts. Interessanter
ist der Baudekor des Hauses. Über dem
Portal ließ der Bauherr einen ädikula-
ähnlichen Aufsatz mit seinem Wappen
einfügen. Am Seitenflügel befindet sich
zwischen den Obergeschoßfenstern eine
weitere ornamental gerahmte Inschrifttafel, während den Giebel sandsteiner-
nes Beschlagwerk überzieht, das seine
Konturen zum einen unterstreicht und
zum anderen durch frei heraustretende
Enden ins Malerische auflöst. Auch das
Nachbarhaus **Domplatz Nr. 15** geht im
Kern auf einen Renaissancebau des späten 16. Jahrhunderts zurück, wie eine in
die Seitenfront eingefügte Wappentafel
und die sichtbaren Teile des Mauerwerkes erkennen lassen; um 1800 wurde es
zumindest äußerlich völlig verändert.

    Ebenso gehört das Gebäude
Domplatz 18/Ecke Philipp-Brandin-
Straße zu den ältesten Renaissancebauten der Stadt. Im Kern ist es ein außer-
gewöhnlich breites Traufenhaus in

Domplatz 18, Platzfront

Fachwerk aus der zweiten Hälfte des
16. Jahrhunderts. An der Hofseite sind
Teile der ursprünglichen Gliederung,
wie geschnitzte Schiffskehlen und dekorativ gestaltete Knaggen, sichtbar. Hier
ist ebenso die einst in der Gebäudemitte
liegende Durchfahrt noch ablesbar. An
der nachträglich verputzten vorderen
Platzfront fallen heute zwei ein- bzw.
zweiachsige risalitartige Vorlagen auf,
die ebenfalls in Fachwerk angelegt wurden, aber nicht zur ursprünglichen Konstruktion des Gebäudes gehören. Sie
rahmen das Portal ein, so daß »Sitz-
nischen« entstanden. Mit der in Mittel-
deutschland gebräuchlichen Gestaltung
verbindet sie jedoch nichts. Der manie-
ristische Charakter der Putzgliederung,
die 1936 bei einer Fassadeninstandset-
zung durch willkürliche Reduzierungen
nicht vollständig wiederhergestellt
wurde, läßt auf eine Entstehung im
frühen 17. Jahrhundert schließen. Am
auffälligsten sind dabei die einst in noch
größerer Zahl vorhandenen horizontalen Gesimse, die auch die »Risalite« um-
greifen. Die hier vorhandenen Eckqua-
der sind als Fragmente von einstigen
Gesimsen zu verstehen.

Mühlenstraße 17

Gleviner Straße 32

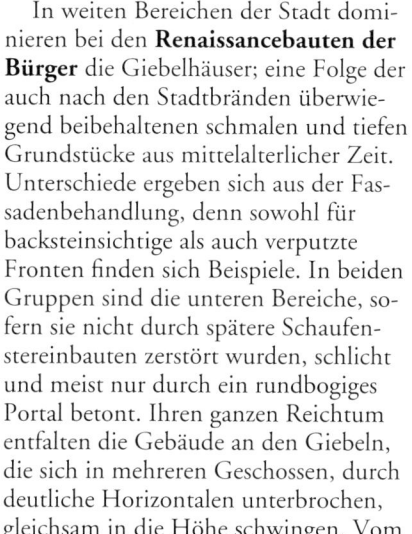

In weiten Bereichen der Stadt dominieren bei den **Renaissancebauten der Bürger** die Giebelhäuser; eine Folge der auch nach den Stadtbränden überwiegend beibehaltenen schmalen und tiefen Grundstücke aus mittelalterlicher Zeit. Unterschiede ergeben sich aus der Fassadenbehandlung, denn sowohl für backsteinsichtige als auch verputzte Fronten finden sich Beispiele. In beiden Gruppen sind die unteren Bereiche, sofern sie nicht durch spätere Schaufenstereinbauten zerstört wurden, schlicht und meist nur durch ein rundbogiges Portal betont. Ihren ganzen Reichtum entfalten die Gebäude an den Giebeln, die sich in mehreren Geschossen, durch deutliche Horizontalen unterbrochen, gleichsam in die Höhe schwingen. Vom

Staffelgiebel ausgehend wird jetzt die Schräge durch Ornamente aufgelöst, ohne daß die Grundform des Dreieckgiebels völlig aufgegeben wird. Am häufigsten sind in Güstrow solche Häuser, bei denen Beschlag- und Rollwerk, im 17. Jahrhundert auch Ohrmuschel- und Knorpelwerk, Teile der Giebel füllen oder mit frei abstehenden Enden seinen Umriß bereichern. Dafür finden sich unter den etwa zwei Dutzend Gebäuden aus dem genannten Zeitraum in der Stadt jeweils schöne Beispiele, besonders am Markt, in der Dom-, Gleviner und Mühlenstraße. Einzelne Giebel, vor allem mit in Viertelkreisformen ansteigenden Absätzen, wie sie beispielsweise an den Häusern Mühlenstraße 17, Hollstraße 5 und Lange Straße 12 an-

zutreffen sind, finden sich in ähnlichen Beispielen häufig auch in Küstenstädten wie Wismar und Rostock. Am (erneuerten) Giebel des Hauses Gleviner Straße 32 steigern aufgestellte Obelisken die Wirkung. Am Haus Markt 10 oder in der Mühlenstraße 17 übernehmen allegorische Figuren auf der Giebelspitze eine vergleichbare Funktion wie die Obelisken am obengenannten Haus. Andere Gestaltungen sind bescheidener, wie die des Giebels am großen Eckhaus Gleviner Straße 1/Ecke Hollstraße, wo die Geschlossenheit des Umrisses durch die wechselweise nach außen oder innen eingerollten Voluten gewahrt bleibt. Alle diese Gebäude stehen unter dem Einfluß der niederländischen Kunst, der mit dem Ende der Renaissance in Norddeutschland nach mehr als einem Dreivierteljahrhundert erlischt.

Gleviner Straße 1/Ecke Hollstraße

Markt, Nordseite, Häuser Nr. 9 bis 12

Die Ablösung der Renaissance durch
den Barock vollzog sich in der Kunst
Mecklenburgs um die Mitte des
17. Jahrhunderts, wobei dieser Prozeß
zeitlich mit dem Dreißigjährigen Krieg
zusammenfiel.

Die Stadt Güstrow hatte zwar als Residenz weniger unter den Ereignissen
des Krieges gelitten als die kleineren
Orte oder gar die Dörfer, sie bekam
aber den wirtschaftlichen Niedergang
im gesamten Land ebenfalls zu spüren
und hatte Mühe, sich in der zweiten
Jahrhunderthälfte davon zu erholen.
Schon von 1674 bis 1679 wurde das
Land wieder von fremden Truppen
heimgesucht, dieses Mal im Zusammenhang mit dem brandenburgisch-schwe-
dischen Krieg. Im Jahre 1695 erlosch
überdies mit dem Tod des Herzogs
Gustav Adolf die Güstrower Fürsten-
familie, und die Stadt wurde Nebenresidenz, da der regierende Herzog nun-
mehr in Schwerin saß.

Der Nordische Krieg zu Beginn des
18. Jahrhunderts brachte der Stadt aber-
mals durch Einquartierungen und Abgaben wirtschaftliche Bürden, so daß
die in mancher Hinsicht als Gradmesser
der ökonomischen Situation wirkenden
Aufwendungen für Bauten oder Werke
der bildenden und angewandten Kunst
relativ bescheiden blieben. Eine Ausnahme stellte der Landesherr dar, dem
verbriefte Abgaben zumindest einige
Vorhaben ermöglichten. 1657 hatte
Herzog Gustav Adolf den Hugenotten

Charles Philippe Dieussart, einen nam-
haften französischen Architekten, Bildhauer und Theoretiker, an seinen Hof
berufen. Nachdem dieser wohl noch im
gleichen Jahr mit dem Bau des zwischen
Güstrow und Laage gelegenen Schlosses
Rossewitz im Auftrag eines vermögenden adeligen Besitzers begonnen hatte,
fielen ihm bald auch Aufgaben an den
herzoglichen Bauten zu. Sie führten ihn
zunächst in die Nebenresidenz Dargun
und brachten ihm bald auch die Ober-
bauleitung am Schloß in Güstrow ein,
bei dem die bauliche Erhaltung des
Komplexes und die weitere Ausgestaltung des in Verfall geratenen
Schloßgartens zu sichern war.

Um 1670 wurde ebenfalls unter
Dieussarts Leitung mit dem Bau einer
massiven Schloßbrücke und eines neuen
Pforthauses am stadtseitigen Ende dieser Brücke begonnen. Zuvor hatte man
das Terrain vor dem Schloß, der heutige
Franz-Parr-Platz, durch Verfüllungen
dem Niveau des Schloßhofes ange-
nähert. Der gedrungene zweigeschossige
verputzte Backsteinbau paßt sich mit
seiner kräftigen Putzgliederung der dahinter liegenden Westfront des Schlosses trotz stilistischer Unterschiede gut
an. Seinen Schwerpunkt erhält der
quergelagerte Bau mit dem abschließen-
den Walmdach durch den Mittelrisalit,
der das rundbogige Durchfahrtsportal
enthält und von einem Dreieckgiebel
bekrönt wird, den gekuppelte Säulen
mit auf das Nachbarmauerwerk über-

greifender Bänderung tragen. Der gequaderte Sockel setzt sich ebenso auf die Seitenteile fort wie das den Architrav abschließende Konsolkranzgesims. An den Gebäudekanten bilden rustizierte Kolossalpilaster weitere Akzente. Beim plastischen Schmuck beschränkte sich Dieussart auf eine Inschrifttafel über der Einfahrt und ein gerahmtes Wappen im Giebelfeld.

Auch die **Brücke** besteht aus verputztem Backstein. Während sie oben durch schlichte geschlossene Brüstungen seitlich begrenzt wird, ist der Unterbau in sechs verglaste Arkaden aufgelöst, deren Reihung in der Mitte durch die auf der Südseite befindliche Gartentreppe unterbrochen ist. Die tonnengewölbten Räume dienten früher

vermutlich zur Unterbringung von frostempfindlichen Pflanzen.

Dieussarts Urheberschaft wird auch für das bedeutendste der Grabmäler angenommen, die während des späten 17. und im 18. Jahrhundert in den Güstrower Kirchen Aufstellung fanden. Es ist dem im Jahre 1657 verstorbenen und im Dom beigesetzten herzoglichen Geheimen Rat Günther von Passow gewidmet. Auf einem sarkophagähnlichen Unterbau kniet auf einem Kissen in betender Haltung der Verstorbene. Das Vorbild des Ulrich-Monumentes ist trotz des zeitlichen Abstandes unverkennbar, selbst in der Ornamentik ist die Tradition der Renaissance ablesbar.

Ein halbes Jahrhundert später entstand ebenfalls für den Dom das

Torhaus des Schlosses von Südwesten

Dom, Epitaph Dr. Fr. G. Gluck

Dom, Grabmal G. v. Passow

Pfarrkirche, Tür der ehemaligen Taufkapelle

Hängeepitaph für den Medizinalrat Dr. Gluck († 1707). Hier ist auch die Verwendung verschiedenfarbigen Materials ein Grundelement der Gestaltung. Das Epitaph hat die Form eines geschwungenen Ovals und wird von Girlanden eingefaßt. Das zentrale hochovale Bildnismedaillon mit seitlich rahmenden und bekrönenden Putten steht auf einem architektonisch aufgefaßten Unterbau. Von den älteren Renaissanceepitaphien unterscheidet sich diese Arbeit nicht nur stilistisch, sondern auch inhaltlich: der religiöse Aspekt der bildlichen Darstellungen ist hier bereits zugunsten einer die Person des Toten verherrlichenden Wiedergabe aufgegeben worden. Das Epitaph ist von Thomas Quellinus signiert, der zu jener bedeutenden niederländischen Bildhauerfami-

Pfarrkirche, Inneres nach Westen mit Orgel

lie gehört, die den holländischen Barock des späten 17. Jahrhunderts entscheidend mit ausgeprägt hat. Charakteristische Beispiele barocker Grabkunst im Dom sind die vom Ende des 17. bis zur Mitte des 18. Jahrhunderts in der Fürstengruft (Südseite des Chores) aufgestellten Sarkophage von Angehörigen des herzoglichen Hauses.

In der Pfarrkirche wurde 1681 zu Ehren der beiden Bürgermeister Martin und Johannes Gerdes ein großes hölzernes Epitaph gesetzt, das eine stilistische Fortbildung der am gleichen Ort vorhandenen Bildwerke der Spätrenaissance erkennen läßt. Das Epitaph hat einen architektonischen Aufbau um ein Gemälde mit der Auferstehung Christi. Doch im Sinne eines barocken Gesamtkunstwerkes steigern sich die einzelnen Teile, insbesondere in Verbindung mit der reichen Ornamentik, zu einem grandiosen »Bild-Theater«.

Die 1729 entstandene hölzerne **Tür der ehemaligen Taufkapelle** stammt sicher ebenfalls aus einer heimischen Werkstatt und ist barocken Portalen in den benachbarten Küstenstädten vergleichbar. Die Türöffnung wird seitlich von großen Standfiguren der alttestamentlichen Gestalten Moses und Aarons gerahmt, während das Türblatt selbst übereinander zwei querovale Flachreliefs mit Darstellungen der Arche und des Opfers Noahs enthält. Über dem Architrav füllt das Bogenfeld der Tür eine Darstellung des von Engelputten flankierten Salvators.

Im Eingangsbereich der Kirche erhielten sich zwei der barocken Gruftkapellen. Die sichtbar aufgestellten Sarkophage der Familie Schöpffer interpretieren den Tod als alltägliches Ereignis.

1764 erhielt die **Pfarrkirche** eine neue **Orgel** aus der Werkstatt des Rostocker Orgelbauers Paul Schmidt. Der im Mittelteil zweigeschossige, seitlich von den Pedaltürmen flankierte Prospekt steht auf der wohl gleichzeitig erneuerten Empore mit der geschwungenen Balusterbrüstung, die von zwei mächtigen Konsolen getragen wird. An ihnen und der Unterseite der Empore entfaltet sich üppige barocke Malerei in Gestalt von musizierenden Engeln und einer Szene, die den Sturz der Engel darstellt.

Der Vollständigkeit halber muß auch der im 17. und 18. Jahrhundert gebildete Besitz der Güstrower Kirchen an Kleinkunstwerken erwähnt werden, der sich vor allem aus Arbeiten der in der Stadt ansässigen und leistungsfähigen Goldschmiede und Zinngießer zusammensetzt. So besitzt der Dom mehrere Arbeiten von Lenhard Mestlin, darunter eine ovale Taufschale mit einer Darstellung der Taufe Christi und drei Kelche aus der Zeit 1725. Zwei prachtvolle getriebene Standleuchter aus dem Jahr 1757 sind Schöpfungen des Goldschmiedes Johann Gottlieb Schmidt. Zahlreiche Kleinkunstwerke im Dom und der Pfarrkirche kamen aus Hamburg, bei anderen ist die Herkunft unbekannt.

Der Bestand an **barocken Bürgerbauten** erscheint bei flüchtiger Betrachtung zunächst gering, denn im Stadtbild lassen sich nur etwa ein halbes Dutzend Häuser aus dem Zeitraum von der Mitte des 17. bis zum Ende des 18. Jahrhunderts erkennen. Doch täuscht dieser Eindruck, denn zahlreiche der meist schlichten Bauten wurden im 19. Jahrhundert verändert. Dagegen blieben barocke Haustüren und noch häufiger wohl hölzerne Treppenhäuser erhalten. Das interessanteste Gebäude ist das Haus **Grüner Winkel Nr. 10.** Um die Mitte des 18. Jahrhunderts errichtete man hier zunächst einen zweigeschossigen fünfachsigen Fachwerkbau mit ausgebautem Mansarddach und wahrscheinlich auch einem übergiebelten mittleren Frontispiz. Wohl unter dem Eindruck süddeutscher Fassadenmalerei oder stuckierter Gestaltungen und ganz im Sinne des barocken Illusionismus wurde die Fassade architektonisch durch gemalte Portal- und Fensterrahmungen gegliedert. Diese Rahmungen sind als plastische und profilierte Architekturteile ausgeführt, bestehen aus seitlich schräg gestellten und von gesprengten Giebeln bekrönten Einfassungen und enden unter den Fenstern in konsolartigen Sohlbankstützen. Mit ihrem

Grüner Winkel 10, Fassadenausschnitt mit Haustür

Grüner Winkel 10

Braun kontrastieren sie zu dem durchgehend in Grün gestrichenen Fond der Fassade, der die konstruktiv bedingten Fachwerkhölzer optisch negiert. Gegen 1790 erfolgte dann in spätbarocker Zeit eine Erweiterung des Hauses um vier Achsen nach Osten in den gleichen Proportionen, mit gleichem Dach und übergiebeltem Frontispiz wie beim Altbau. Der Besitzer, Majoratsherr Krüger-Hansen, ließ die beiden Hausteile durch einen einheitlichen Putz zusammenfassen. Während das Erdgeschoß rustiziert wurde, betonte man im Obergeschoß die Portal- bzw. Giebelachse durch gekuppelte Pilasterstellungen und Segmentbogengiebel. Die Giebel erhielten barock geschweifte Aufsätze. Mit der jüngsten Restaurierung, die eine Rückführung des westlichen Hausteils auf den ursprünglichen Zustand brachte, ist die Baugeschichte des Hauses gleichsam sichtbar gemacht worden. Das in der gleichen Straße stehende Haus Nr. 29 folgt mit seiner Gliederung in vereinfachter Form der Fassade des oben beschriebenen.

Ein anderes Bild vermittelt das heute vom Stadtmuseum genutzte Gebäude **Franz-Parr-Platz Nr. 7** von um 1765, das 1795 von dem Gerichtspräsidenten und Goethefreund Christian Albrecht von Kielmannsegg erworben wurde. Die sieben Achsen breite Fassade des massiven und verputzten zweigeschossigen Hauses wird von dem Kontrast der mit Lisenen gegliederten und durch Portal sowie Balkon betonte Front und dem hohen, von unterschiedlichen Gaupen besetzten Walmdach bestimmt. Die Gaupe wird schon kurze Zeit später in Güstrow kaum noch als Gestaltungselement verwendet, notwendige Dachbe-

lichtungen übernehmen die unauffälligen Fledermausluken. In der Tradition des barocken Bürgerhauses stehen auch die Häuser Lange Straße 17 und Gleviner Straße 28. Ihr schmaler Grundriß ließ nur Fassadenbreiten von vier bzw. sechs Achsen zu.

Von Bedeutung für das Stadtbild sind die zahlreichen barocken Kleinkunstwerke wie Fenster- und Türbeschläge, Lampenarme oder Wasserspeier. Am schönsten sind die kunstvoll geschnitzten, im Holzton belassenen oder farbig behandelten Türen aus der Zeit des Rokoko, etwa Mühlenstraße 17, 43, 48, Domstraße 2, Große Schloßstraße 7, oder die barock-klassizistische Haustür am Franz-Parr-Platz Nr. 4. Ihre Oberlichter hat man häufig mit den Initialen der Hauseigentümer oder mit Laternen verziert. Die Türblätter bedeckt prächtiges Rocaillewerk. An einigen Türen finden sich bronzene Klopfer in Tiergestalt. Vermutlich kamen die Künstler aus dem mitteldeutschen und westdeutschen Raum nach Mecklenburg, wo sie in Residenzen wie Neustrelitz oder Mirow Arbeit fanden und später ihre Kunst in den Dienst des Landadels oder des städtischen Bürgertums stellten.

Das gilt wohl in noch stärkerem Maße für die Stukkateure, die sich auch nach dem Dreißigjährigen Krieg aus wandernden Künstlern rekrutierten. Angesichts der kostspieligen Herstellung blieben **Stuckdecken** auch zu dieser Zeit eine Ausnahme, und es spricht für die günstige wirtschaftliche Situation einzelner Bürger, die sich diesen Luxus leisten konnten. Die älteste Stuckdecke entstand vermutlich um 1700 und ist im Haus Mühlenstraße 59 erhalten. An

Franz-Parr-Platz 7 (Stadtmuseum)

ihr findet sich neben ornamentiertem vegetabilischem Dekor in den Ecken des Spiegels als Rahmung von Kartuschen in Gestalt von Putten auch figürlicher Schmuck. Die plastisch modellierten und sich zum Teil vom Grund lösenden Darstellungen erinnern an die Decken vom Anfang des 18. Jahrhunderts im Schloß Neustadt-Glewe. Etwa zur gleichen Zeit erhielt ein Erdgeschoßraum im Hause Gleviner Straße 29 eine Stuckdecke mit einem großen szenischen Relief im Mittelteil und vier Kartuschen mit ebenfalls figürlichem Dekor in den Ecken. Die etwas provinziell anmutende Szene stellt vermutlich König David dar. Die Eckkartuschen enthalten Szenen aus dem Landleben und werden von Cherubköpfen bzw. Masken eingefaßt und sind untereinander durch Blumengirlanden und eingefügte Muscheln

verbunden. Wohl aus einer Werkstatt entstammen die Stukkaturen in den Häusern Mühlenstraße 48 und Gleviner Straße 6. Beim Durchbau des Hauses 1786 entstand wahrscheinlich in der Mühlenstraße 48 außer der Haustür auch der Stuckdekor des östlichen Erdgeschoßraumes. Er besteht aus Rocaillekartuschen mit stilisiertem Rankenwerk in den Ecken und verbindenden zarten, den Profilrahmen des Deckenspiegels umspielenden Blütenranken sowie einem Flachrelief in der Deckenmitte mit musizierenden Putten auf einer Wolke. Zur Raumdekoration gehört auch eine stuckierte Spiegelrahmung. Die wohl zeitgleiche Stuckdecke im Kemladen des Hauses Gleviner Straße 6 enthält in den Ecken mit Rocaillen gerahmte Kartuschen und daneben Reliefs allegorischen Inhalts.

Mit dem ausgehenden 18. Jahrhundert verbesserten sich die ökonomischen Verhältnisse für die Stadt sichtbar, was sich durch zahlreiche bauliche Maßnahmen auch im Stadtbild niederschlug. Zwischen 1800 und der Mitte des 19. Jahrhunderts sind die meisten öffentlichen Gebäude neu errichtet oder durchgreifend verändert worden, so daß zu den die Stadt prägenden Renaissancebauten jetzt solche klassizistischer Gestaltung hinzukamen. Güstrow nahm Anteil an der Hebung der allgemeinen Wirtschaftsbedingungen, durch Steigerung des Getreideexports und durch die Veranstaltungen zahlreicher Märkte und Messen. 1802 wurde der Patriotische Verein für Mecklenburg gegründet und nahm seinen Hauptsitz in Güstrow. Seine besondere Aufmerksamkeit galt der Belebung von Handel und Gewerbe. Bei den Vieh- und Wollmärkten, daneben bei dem großen allgemeinen Markt im Februar, dem »Umschlag«, wurde die Stadt zum Treffpunkt fortschrittlicher Landwirte, Händler und künftiger Unternehmer, die hier moderne Landmaschinen aus England sehen konnten oder die Ergebnisse der Viehzucht studierten. Das regte auch zur Gründung heimischer Unternehmen an, so entstand 1836 die Kählersche Eisengießerei.

Ein Chronist jener Tage, Johann Christian Wundemann, rühmt die Stadt als Ort regen kulturellen Lebens und sichtbaren Reichtums. Ihm entging aber nicht zugleich die Dürftigkeit der Armenhäuser und der niedrige Lebensstandard ihrer Bewohner. Mitten in diese Zeit fallen die französische Besetzung Mecklenburgs und die Befreiungskriege gegen Napoleon. Ende 1806 besetzten französische und preußische Truppen das Land und unterbanden im Rahmen der Kontinentalsperre den Getreideexport nach England, der auch für die Güstrower Bürger eine Quelle ihres Wohlstandes gewesen war. Erst als für Napoleon der Rußlandfeldzug 1812 mit einer Niederlage endete, wandelten sich die Verhältnisse wieder, denn unter dem Druck einer mächtigen nationalen Befreiungsbewegung begann auch in Mecklenburg der Kampf gegen Napoleon. Herzog Friedrich Franz I. rief zur Bildung eines Freiwilligen Jägerkorps auf, dessen Sammelort Güstrow wurde. Als das Korps im Juli 1813 nach siegreichem Kampf nach Güstrow zurückkehrte, wurde es triumphal gefeiert. Zu den Angehörigen des Lützower Freikorps gehörte ein Sohn der Stadt, der zwar zu Anfang des 19. Jahrhunderts als Zwanzigjähriger seine Heimatstadt verlassen hatte, während des Krieges aber nach Mecklenburg zurückkehrte: der Maler Georg Friedrich Kersting.

In der ersten Hälfte des 19. Jahrhunderts wuchs die Stadt zwar nur unwesentlich über ihre mittelalterlichen Grenzen hinaus, aber mit dem Neubau von Theater und Wollmagazin, der Akzisehäuser an den Stadttoren, der

Post, Synagoge, der Schule, des Schloß-
krankenhauses, der Verbesserung der
Straßenverhältnisse hat sich ihr Bild
wesentlich gewandelt.

Den Beginn dieser Veränderungen
markiert der 1797 begonnene Umbau
des **Rathauses**. Der bedeutendste bürgerliche Profanbau der Stadt reichte mit
seiner Geschichte bis in die Gründungszeit des Ortes zurück. Was ihn hervor-
hebt, ist seine für Mecklenburg unge-
wöhnliche Lage zusammen mit der
Pfarrkirche inmitten des Marktes. Über
den mittelalterlichen Bau selbst sind
keine Einzelheiten überliefert. Er ging
beim Stadtbrand am 28. Juni 1503 mit
großen Teilen der übrigen Bebauung
zugrunde. Für die im Archiv feuersicher
gelagerten Urkunden wurde im Nachfolgebau ein gewölbter Archivraum errichtet. Dieser Neubau entstand als An-
einanderreihung mehrerer Giebelhäuser
unter Verwendung von Resten älterer
Mauerwerkes. Eine solche Addition
mehrerer Giebelhäuser hat für die
mecklenburgischen Rathäuser Tradition
und findet sich beispielsweise auch in
Rostock und Schwerin, wurde dort aber
bereits in mittelalterlicher bzw. in späterer Zeit durch Blendfassaden kaschiert.
Zum Rathaus gehörte auch ein Turm.
1622 wurde als fünftes Gebäude an der
Südseite ein Flügelbau mit der Rats-
apotheke angefügt. Der Merian-Stich
mit der Stadtansicht aus der Mitte des
17. Jahrhunderts vermittelt nur ein
vages Bild dieses Baues. Lediglich der
städtebaulich wichtige Turm als Gegen-
gewicht zu den Kirchtürmen und zum
Schloß ist mit seiner Bekrönung durch
eine welsche Haube und Laterne
erkennbar und unterstreicht so die
Individualität des Rathauses.

Für das 18. Jahrhundert sind mehrfach bauliche Veränderungen am Rathaus überliefert, die neben der Instand-
haltung auch der dekorativen Ausgestaltung dienten. So gab man für die Giebel
des Rathauses Figuren allegorischen Inhalts in Auftrag: Klugheit, Frieden und
Gerechtigkeit. In diesen Zusammenhang gehört auch die Neuausstattung
des im ersten Obergeschoß des Mittel-
baues gelegenen Audienzsaales (Stadt-
verordnetensaal) mit einem Stuckrelief
des 1754 in Güstrow weilenden Johann
Metz. Das Relief illustriert den Psalm
85 des Alten Testaments: der Kuß zwischen Frieden und Gerechtigkeit. Dieses
Motiv als Wunschbild für das Zusam-
menleben der Bürgerschaft hat der
Künstler als szenische Darstellung
gestaltet. Ob Johann Metz mit dem
etwa zur gleichen Zeit in Norddeutschland tätigen Johann N. Metz identisch
ist, der u. a. in Ratzeburg arbeitete, ist
bislang nicht bewiesen.

Eine umfassende Erneuerung des
Rathauses begann 1791 mit dem Abbruch des baufällig gewordenen Apothe-
kenflügels an der Südseite. 1794 erfuhr
die Südseite der Anlage eine Neugestaltung und noch vor dem Ende des Jahrhunderts erhielt die nach Osten ge-
wandte Hauptfront eine neue Gestalt.
Die einheitlich angelegte Fassade ist
zweigeschossig und insgesamt 13 Achsen breit, wobei sich der siebenachsige
Mittelteil von den nur dreiachsigen, der
Breite eines Bürgerhauses entsprechenden Seitenteilen deutlich abhebt. Die
beiden unteren Geschosse sind durch
ihre über die gesamte Breite verlaufende
Gliederung zusammengefaßt: das Erdgeschoß prägt eine kräftige Putzstruk-
tur, im Mittelteil eine Putzbänderung,

in den Seitenteilen Rustikaputz, im Obergeschoß ist der Mittelteil durch eine Pilastergliederung, die Seiten durch rustizierte Pilaster an den Flanken gekennzeichnet. Während die Seitenteile von eingeschossigen Giebeln mit geschweiften schrägen und flachen treppenartig aufgeschichteten Absätzen abgeschlossen werden, erhebt sich im Mittelteil über der durchlaufenden Horizontale des Hauptgesimses ein zweigeschossiger Aufbau mit einer beide Geschosse verbindenden Pilastergliederung, einem bekrönenden Dreieckgiebel und dahinter über einer Scheinbalustrade ein ebenfalls flach abgestufter Giebelabschluß. Zwei durch Balkone bereicherte Fenster in der Mittelachse, stuckierte Festons und das Stadtwappen

im Giebelfenster heben die Fassadenmitte zusätzlich hervor.

Monumentalität und Geschlossenheit sind mit dieser Fassadengestaltung erreicht worden, doch sind auch gestalterische Unsicherheiten zu bemerken, etwa beim Dekor, wo beispielsweise die Schleifen an der Aufhängung der Festons wie vom Wind zur Seite geweht wirken – eine ganz und gar unarchitektonische Lösung. Mit seinem im Stile des Louis-Seize verhafteten Dekor gehört das Güstrower Rathaus zu den besten Beispielen dieser kurzlebigen künstlerischen Ära in Mecklenburg.

Die in das Jahr 1797 datierten Risse für diese Fassade sind das Frühwerk des 1763 geborenen Maurermeisters David Anton Kufahl, der schon wenige Jahre

Rathaus, Hauptfront

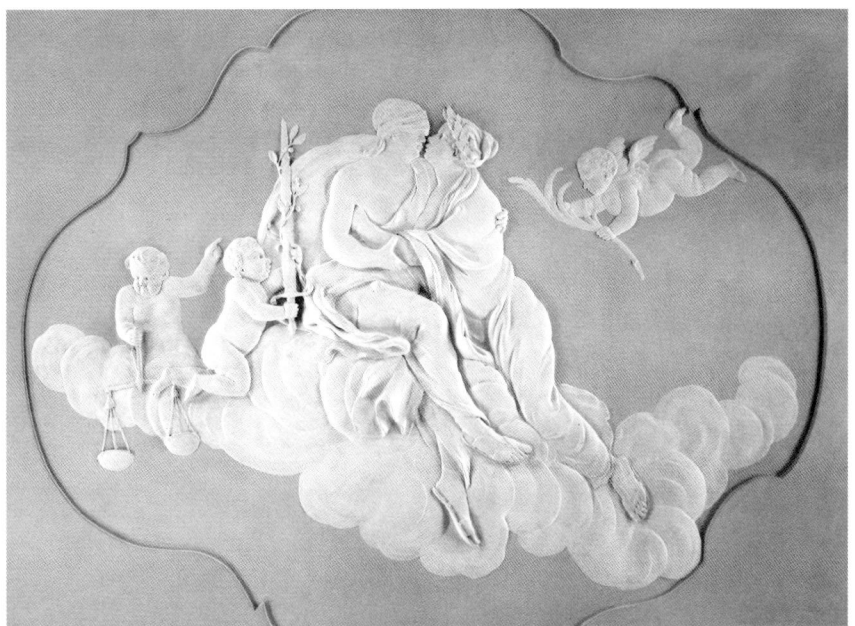

Rathaus, Stuckrelief an der Decke des Stadtverordnetensaales

später mit seinen Bürgerhausfassaden dem Klassizismus in Güstrow zur Anerkennung verhalf.

Der Rathausfassade kommt die Front des Hauses **Lange Straße Nr. 41** stilistisch sehr nahe. Obwohl das Gebäude, in dem man 1841 das Postamt unterbrachte, 1882 bei der Einrichtung als Schule baulich verändert wurde, blieb die Fassade aus der Zeit um 1800 wohl davon unberührt. Sie ist in Abstufungen körperhaft hervortretend gestaltet. Die drei Mittelachsen sind nicht als Risalit ausgebildet. Sie sind als flache Vorlage gegeben, werden aber durch einen bekrönenden Dreieckgiebel und die kannelierten Kompositpilaster in den Obergeschossen betont. Dagegen ist das Erdgeschoß mit dem Eingang lediglich durch die kräftige Rustika gestaltet. Die gleiche Struktur findet sich auch bei den seitlichen Achsen, wo große rundbogig geschlossene Portalnischen die ehemaligen Hofdurchfahrten andeuten. Die Obergeschoßfenster sind hier durch segmentbogige Stürze und Festons bereichert. Im Inneren verdient der ehemalige Festsaal im Obergeschoß Beachtung. Neben der schlichten Stuckdecke sind die an stuckierten Schleifenbändern hängenden Medaillons mit Darstellungen antiker Freundespaare und gemalte Supraporten mit stillebenartigen Gefäßkompositionen im Stil pompejanischer Wandmalereien hervorzuheben.

Theater, Ansicht von Südwesten

Ein bescheidener Zweckbau des frühen 19. Jahrhunderts ist das an dem städtebaulich wenig bedeutenden Platz vor dem Nordflügel des Schlosses errichtete **Wollmagazin**. Im massiven Erdgeschoß enthält der ansonsten in Fachwerk aufgeführte dreigeschossige Bau älteres Mauerwerk aus dem 16. oder 17. Jahrhundert. Westlich des Wollmagazins entstand 1823 das Krankenhaus für das benachbarte Landarbeitshaus. Es ist ein zweigeschossiger elfachsiger verputzter Backsteinbau in schlichten klassizistischen Formen mit schmalen übergiebelten Mittel- und Seitenrisaliten.

Gegenüber vom Wollmagazin und dem Krankenhaus steht das Theater. Die praktisch denkenden Güstrower Bürger nutzten es während der Wollmärkte als zusätzlichen Speicher. Seinen eigentlichen Zweck erfüllte es im Winter und Frühjahr. Als Architekt für den Bau verpflichtete man den jungen Georg Adolph Demmler, welcher seit 1823 in Schwerin als Baukondukteur arbeitete. Als eine seiner ersten Aufga-

ben hatte er die Vermessung des zwischen Güstrow und Bützow verlaufenden Nebelkanals übernommen. Den Theaterentwurf lieferte Demmler 1827. Im folgenden Jahr wurde das Haus in nur halbjähriger Bauzeit errichtet. Den bescheidenen finanziellen Möglichkeiten entsprechend wurde es ein rechteckiger eingeschossiger Putzbau unter hohem Walmdach und mit Rundbogenfenstern. Die Hauptfront, nach Süden gerichtet, ist durch einen dreiachsigen übergiebelten Risalit mit Pilastergliederung betont. Der schlichte Bau, der 1957 im Zusammenhang mit einem umfassenden, das Äußere schonenden Durchbau den Namen »**Ernst-Barlach-Theater**« erhielt, verdeutlicht mit seinem Verzicht auf Repräsentation das bürgerliche Theaterverständnis jener Zeit. Für Mecklenburg ist das Haus darüber hinaus das älteste erhaltene Theatergebäude.

Zu den Aufgaben, denen sich im beginnenden 19. Jahrhundert die Städte fast alle stellen mußten, gehört die Umgestaltung ihrer Stadttore. Die alten mittelalterlichen Anlagen hatten sich zu dieser Zeit mit ihren geringen Abmessungen in den Durchfahrten und den hohen Aufwendungen zu ihrer baulichen Erhaltung als erneuerungsbedürftig erwiesen. Sie wurden zumeist im Verlaufe der ersten Hälfte des 19. Jahrhunderts abgebrochen und durch bescheidenere Toranlagen ersetzt, an denen bis zum Eintritt Mecklenburgs in den Deutschen Zollverein 1863 Akzise erhoben wurde.

Um 1820 wurde das **Gleviner Tor** als rundbogige, von Pilastern gerahmte und von einem Dreieckgiebel bekrönte Straßendurchfahrt mit seitlich kleineren

Durchgängen ausgelegt. Als 1903/04 diese Anlage aus verkehrstechnischen Gründen ebenfalls wieder weichen mußte, blieben nur die stadtseitig stehenden Gebäude des Wächters und Einnehmers erhalten. Es sind rechteckige, längsseitig zur Straße stehende Putzbauten mit zarter Rustika und einem mit Triglyphen besetzten Architrav sowie Walmdach. Fast die gesamte Breite nimmt die große rechteckige Nische ein, in die zwei kannelierte dorische hölzerne Säulen eingestellt wurden. Der entwerfende Architekt folgte darin dem Vorbild eines griechischen Antentempels. Beim jüngeren **Mühlentor**, es entstand angeblich erst 1838, ist die Nische auf eine Achse mit flankierend eingestellten Säulen verengt, sonst aber das Prinzip des älteren Torhauses auch wieder aufgenommen worden. Bei dem starken Einfluß, den der Berliner Klassizismus jener Jahre gerade auch auf Mecklenburg hatte, dürfte das Beispiel der Neuen Wache, die Schinkel 1818 fertiggestellt hatte, wohl auch für die Güstrower Torbauten nicht ohne Vorbildwirkung gewesen sein. In Schwerin griff noch in den vierziger Jahren des 19. Jahrhunderts Demmler auf die entsprechenden Bauten seines Berliner Lehrers zurück.

Dringlich wurde in jenen Jahren auch die Anlage eines neuen Friedhofes, da mit wachsender Bevölkerungszahl der als Begräbnisstätte genutzte **Gertrudenfriedhof** voll belegt war. Die vermögenden Familien der Stadt hatten hier ihre Erbbegräbnisse, von denen mehrere nach 1800 in Gestalt kleiner tempelartiger Mausoleen oder schlichter kleiner Rechteckbauten neu angelegt wurden. Den Grabmalarchitekturen sind klassi-

Mühlentor, Westbau

Gertrudenfriedhof, Tor und Kapellenbauten

Domplatz 10 (ehemaliges Logengebäude)

G. Fr. Kersting, »Apoll mit den Stunden«

zistische Details wie eingestellte Säulen in den Portalnischen, kassettierte Türen und an den Rückfronten rustizierte flache Blendarkaden gemeinsam. Damit erinnern sie an den Berliner Frühklassizismus von Langhans und Gilly. Neu errichtet wurden damals auch das Einfahrtstor zum Friedhof mit den starken, durch Kanneluren gegliederten Pfeilern. Eine ähnliche Lösung weist auch das Tor zum Hof des ehemaligen Zollamtes in der Schulstraße auf.

1833 konnte an der Rostocker Chaussee der weiträumig angelegte neue Friedhof in Nutzung genommen werden, dessen Bauwerke stilistisch die Tradition der klassizistischen Grabkapellen auf dem Gertrudenfriedhof fortsetzen. Das gilt insbesondere für das Verwaltungsgebäude, einen eingeschos-

sigen verputzten Ecksteinbau mit leicht geböschten, von Fugenschnittputz überzogenen Wänden und mit schlichtem Satteldach.

Um diese Zeit wurden auch zwei Kultgebäude errichtet, von denen die 1829 auf einem Grundstück im Krönchenhagen erbaute Synagoge 1938 in der »Kristallnacht« zerstört wurde. Dagegen blieb das zehn Jahre später am Domplatz Nr. 10 errichtete Gebäude der Freimaurerloge Phoebus Apollo bis heute erhalten. Es ist ein schlichtes zweigeschossiges Traufenhaus mit einem niedrigen Drempelgeschoß und sparsamer Putzgliederung. Die Rundbogenfenster des Obergeschosses mit ihren zarten rahmenden Blendarkaden verleihen dem Haus einen eigenen Charakter. Stilistische Übereinstimmungen mit anderen Bauten Demmlers lassen an seine Urheberschaft denken, zumal der Architekt prominentes Mitglied in einer Schweriner Freimaurerloge war. Zur Ausstattung der Loge gehörte einst auch das 1822 von Georg Friedrich Kersting gemalte Bild »Apoll mit den Stunden«, das heute zum kostbaren Besitz des Stadtmuseums zählt. Ihr Schöpfer gehörte seit 1809 der Güstrower Loge an.

Geboren wurde G. Fr. Kersting am 22. Oktober 1785 im heutigen Haus Hollstraße Nr. 6 als Sohn eines Glasermeisters. Nach dem frühen Tod des Vaters verschlechterte sich die wirtschaftliche Situation der Familie, obwohl die Witwe den Werkstattbetrieb aufrecht erhielt. Hungerrevolten im Jahre 1800 auf dem Marktplatz waren zugleich Ausdruck der allgemeinen schlechten Lebensbedingungen vieler Bürger. Vermögende Verwandte der Mutter in Rostock ermöglichten G. Fr.

Kersting, der inzwischen eine Lehre als Maler bei dem Güstrower Meister J. J. Beutell absolviert hatte, ab 1805 ein Kunststudium an der traditionsreichen Akademie in Kopenhagen. Ihr Lehrbetrieb galt als konservativ, doch wurden solide technische Kenntnisse vermittelt. 1808 kehrte Kersting nach Güstrow zurück, hielt sich häufig in Rostock auf und besuchte des öfteren Dresden, wo er Zugang zum Kreis der dortigen Maler um Caspar David Friedrich, Wilhelm von Kügelgen, Johann Claussen Dahl und andere fand. 1813 meldete er sich als Freiwilliger zu den Lützower Jägern, die er ein Jahr später mit Auszeichnung verließ. Nach einem Zwischenaufenthalt in Warschau übernahm er 1818 das Amt eines Malervorstehers an der Porzellanmanufaktur in Meißen. Er starb 1847 in der Elbestadt. In der zweiten Hälfte des 19. Jahrhunderts geriet Kersting wie zahlreiche seiner Zeitgenossen in Vergessenheit, erst die Berliner Jahrhundertausstellung von 1906 rückte sein Werk ins Licht und stellte ihn als einen typischen Vertreter der bildenden Kunst des frühen 19. Jahrhunderts heraus.

Nachhaltig wird die klassizistische Architektur der Stadt von etwa drei Dutzend **Bürgerhäusern** repräsentiert, die im ersten Drittel des 19. Jahrhunderts entstanden und deren schönste Beispiele am Markt erhalten blieben. Im Grunde genommen sind die wenigsten dieser Häuser Neubauten. Die Mehrzahl erhielt im Rahmen einer zeitgenössischen Modernisierung lediglich eine vorgeblendete neue Fassade. Als zeitgenössische Formen galten in jenen Jahrzehnten in Norddeutschland und besonders im mecklenburgischen Raum

die von der Berliner Bauakademie über ihre zahlreichen Schüler verbreiteten klassizistischen Motive, wie sie Carl Gotthard Langhans, Vater und Sohn Gilly, Heinrich Gentz und zeitweise auch Karl Friedrich Schinkel aus der antiken Baukunst abgeleitet hatten. Sie fanden in der Innenarchitektur, vor allem in den Schlössern, ihre Entsprechung in Ausmalungen mit pompejanischen Motiven. Daneben sind auch Einflüsse des von der Kopenhagener Akademie vertretenen Klassizismus auf die damaligen Bauten in der Stadt anzunehmen, zumal ein Aufenthalt Kufahls in der dänischen Hauptstadt belegt ist.

Die Mehrzahl der im ersten Jahrhundertdrittel errichteten Fassaden gehört zu Giebelhäusern. Das war besonders

Hollstraße 6 (Kerstinghaus)

Markt 28/Ecke Domstraße

Markt 30

am Markt bei der geringen Breite der Grundstücke verständlich und bot sich vor allem auch dort an, wo durch Giebelaufsätze ältere Dachformen kaschiert werden sollten. Erst als der behördliche Druck zunahm, setzten sich mehr und mehr Traufenhäuser durch. Das nachweisbar älteste der klassizistischen Gebäude am Markt ist Nr. 32, ein Eckhaus mit der Schmalseite zur Hageböcker Straße. Es entstand 1804 für den Stadtchirurgen Dr. Jahn. Die Seiten- und Rückfront sind im Fachwerk aufgeführt die straßenseitigen Fassaden aber massiv verblendet. Abgesehen von der beim Umbau des Hauses zum Hotel »Fürstenhof« 1905 völlig veränderten Erdgeschoßzone sind die Gliederungen der Obergeschosse mehr oder weniger unverändert. An der Marktseite sind von den insgesamt sieben Achsen des dreigeschossigen Baues die mittleren drei als flache Vorlagen ausgebildet und durch kannelierte Kolossalpilaster und einen Architrav mit enggestellten Palmetten betont. Dazu kommen ovale Medaillons mit allegorischen Reliefs zwischen den Fenstern der Obergeschosse. Sonst beschränkt sich der Fassadendekor auf zarte Gesimse und das kräftige Hauptgesims, bei dem Felder mit tropfenartigen Girlanden und Konsolen miteinander abwechseln. Die Zöpfe im Gesims sind die letzten stilistischen Ausläufer des Empire und stützen sowohl die frühe Datierung als auch die Zuschreibung an Kufahl.

Zeitlich folgt diesem Gebäude das benachbarte, die nördliche Seite der Straßeneinmündung flankierende Haus Markt Nr. 33. Es ist ein dreiachsiges dreigeschossiges Giebelhaus, das auf den Maurermeister Hellmuth zurückgeht.

Markt 22

Markt 22, Haustür

Über dem kräftigen Traufgesims, das
sich der Traufhöhe des Nachbarhauses
anpaßt, erhebt sich der mehrfach abgestufte flache Dreieckgiebel mit Lünettenfenster und einem auf die Tätigkeit
des Eigentümers hinweisenden allegorischen Stuckrelief in der obersten Lü-
nette (Merkurstab). Rosetten und
Maskenköpfe, die hier über den Obergeschoßfenstern in vertieften Feldern
angebracht sind, finden sich in der Fol-
gezeit noch häufiger an zeitgenössischen
Fassaden und wurden wahrscheinlich als
vorgefertigte Elemente angeboten.

Für D. A. Kufahl wird auch das an
der Ostseite des Platzes stehende Haus
Nr. 17 in Anspruch genommen – ein
dreigeschossiger fünfachsiger Bau mit
Kolossalpilastern zur Betonung der drei
Mittelachsen und einem mehrfach abgestuften flachen Giebel mit dem charakteristischen Lünettenfenster. Die Pilastergliederung und die Hervorhebung
des mittleren Architravabschnittes, hier
durch Rosetten und Palmettenkonsolen,
erinnern an das nur zwei Jahre ältere
Haus Nr. 32.

Nach einer Pause, die wohl durch die
mit der französischen Besetzung Mecklenburgs und die antinapoleonischen
Befreiungskriege bedingten Wirren erklärt werden muß, lebt die Bautätigkeit
erst um 1820 wieder auf. Im Jahr 1821
wird dem schon um 1765 erbauten
Eckhaus Markt 28/Domstraße eine
neue Fassade vorgelegt, die an Haus Nr.
30 erinnert. Allerdings ist die Vertikale
durch die über drei Geschosse geführten
Lisenen an der Mittelachse stärker betont. Den viergeschossigen Giebel ziert

Gleviner Straße 10/Ecke Grepelstraße

ein reicher Dekor aus angetragenen Maskenköpfen, Rosetten sowie Perl- und Eierstabornamenten. Etwa gleichzeitig entstanden auch die Häuser Markt Nr. 22 und 23, beide dreigeschossig und vier bzw. drei Achsen breit. Während sich Nr. 23 mit seiner Fassadengliederung und der tiefen Halbkreisnische im mehrfach abgestuften Giebelabschluß in die Reihe der bisher genannten Gebäude einfügt, fällt das Nachbarhaus durch seinen aufwendigen Stuckdekor aus dem bisherigen Muster heraus. Er überzieht die ungegliederten Flächen in Gestalt von kräftig geschwungenen, in Greifen endenden Ranken oder stilisierten Palmetten und findet sich als Fries auch am kräftig profilierten Hauptgesims. Der Giebelaufsatz ist hier als einfacher Schild mit einem Dreieckabschluß und Lünettenfenstern ausgebildet. Die am Markt im ersten Drittel des 19. Jahrhunderts

entstandenen klassizistischen Fassaden finden sich in Wiederholungen und Abwandlungen in mehreren innerstädtischen Straßen, besonders häufig in der Langen, Gleviner, Mühlen-, Dom- und Hageböcker Straße, am Pferdemarkt und Am Berge. Häufig wird auf figürlichen, mitunter auch auf ornamentalen Dekor verzichtet und allein die Gliederung und die Giebelgestaltung übernommen. Auch hier sind die meisten Fassaden älteren Bauten vorgeblendet. Das gilt auch für das Haus Hageböcker Straße 99 mit seiner um 1845 entstandenen, Elemente des Klassizismus und der Neugotik vereinenden Fassadengestaltung. Dagegen werden etwa zur gleichen Zeit am Haus Gleviner Straße 10 plastische Überbleibsel der ursprünglichen Spätrenaissancefassung in die neugotisch überformte Fassade einbezogen.

Hageböcker Straße 99

Historismus und Gründung
des Deutschen Reiches 1871

Die Zunahme progressiver gesellschaftlicher Aktivitäten aus dem Kreis der Arbeiter, Handwerksgesellen, Tagelöhner erfaßte auch Güstrow um die Mitte des 19. Jahrhunderts. Das zeigte sich u. a. in den Bestrebungen zu einer fortschrittlichen Ausrichtung des 1848 gegründeten Güstrower »Gesellen- und Bildungsvereines«, der 1851 wieder aufgelöst wurde. Auch die von der französischen Februarrevolution ausgehenden Bewegungen im Jahr 1848 fanden in Mecklenburg ihren Widerhall, vor allem in der Arbeit der Reformvereine, die mit unterschiedlichen Programmen auf das politische Leben Einfluß zu gewinnen suchten. In Güstrow fanden in den Jahren 1848/49 mehrere ihrer Tagungen statt. Im Arbeitshaus, das seit 1817 im Schloß untergebracht war und in dem man vor allem politisch unliebsame Personen ohne Gerichtsverfahren festhielt, wurde im Mai 1848 ein Aufstand vorbereitet, der allerdings durch Verrat fehlschlug. Eine Gelegenheit zur Erinnerung an bürgerliche Ideale war die fünfzigste Wiederkehr des Sieges über Napoleon im Jahre 1863. Dieser Tag wurde in Güstrow festlich begangen und fand in der Grundsteinlegung für das **Denkmal** auf dem heutigen Franz-Parr-Platz seinen Höhepunkt.

Die Stadt wandelte in jenen Jahren ihr Gesicht. 1850 erhielt sie mit einer Verbindung nach Bützow Anschluß an das Eisenbahnnetz, später folgten Verbindungen nach Neubrandenburg, Plau und Rostock. Der jenseits der Nebel nordwestlich der Innenstadt entstandene Bahnhof beschleunigte die Ausdehnung der Stadt in dieser Richtung. Schon 1836 war in diesem Bereich die Kählersche Eisengießerei entstanden, zu deren Produktion u. a. gußeiserne Sitz- und Gartenmöbel nach dem Vorbild älterer deutscher Gießereien gehörten. Im Stadtmuseum sind Beispiele aus der Frühzeit der Fabrik um 1840 zu finden. Die Einwohnerzahl der Stadt stieg an. 1870 zählte sie schon 10 700 Bewohner, von denen allerdings viele in der Landwirtschaft tätig waren. Der Handel mit landwirtschaftlichen Produkten war nach wie vor eine der Haupteinnahmequellen des Güstrower Bürgertums. Bauten in öffentlichem Auftrag sind im dritten Viertel des 19. Jahrhunderts in geringerem Umfang erfolgt, als zu vermuten wäre.

Ein Hauptbau dieser Zeit ist das ehemalige **Amtsgebäude** (heute Landratsamt) am Klosterhof, das 1860 entstand. Es ist ein akademisch nüchterner neugotischer Putzbau von zwei Geschossen und elf Achsen Breite, der ursprünglich in der Fassadengestaltung völlig symmetrisch war, wie ein Wandbild im Schweriner Regierungsgebäude von 1867 erkennen läßt. Mit seiner Fassadengliederung durch gekuppelte Fenster, den niedrigen Drempel, das Konsolgesims, die Fialentürmchen und den heute leider unter das Dach gezogenen Zinnenkranz ähnelt das Gebäude zahlreichen

Gutshausbauten aus dieser Zeit. An den Fenstern finden sich die gleichen zarten Profile, die an die Stelle der barocken und klassizistischen Verdachungen getreten sind, unter ihnen aufgelegtes Rautenmaßwerk in vertieften Putzspiegeln. Das Erd- und Obergeschoß trennt ein Zahnschnittgesims, während den Pfeilergiebel spitzdreieckige Fenster, Blenden und Friese bereichern.

Die nächste Etappe des sich durch reichere Detailformen auszeichnenden Historismus neugotischer Prägung repräsentiert das Haus Küsterhören Nr. 6. Die Fassade wurden dem älteren Gebäude 1875 vorgeblendet, nachdem bereits 1868 die gotisierende Restaurierung des benachbarten Domes abgeschlossen war. Die Fassade ist durch einen schwach vortretenden Portalrisalit mit bekrönendem Stufengiebel, Eckürmchen und Bänder aus Blendfriesen gekennzeichnet.

Zu den Problemen, die mit steigenden Bevölkerungszahlen einer Lösung harrten, gehörte der Bau von Schulen. Zwar war schon 1831 am Heilig-Geist-Hof ein Schulgebäude (heute Goethe-Realschule) errichtet worden, das als zweigeschossiges siebenachsiges Gebäude mit von Pilastern gerahmter Mittelachse und Dreieckgiebel noch ganz in klassizistischer Tradition stand, doch reichte dies nicht mehr aus, so daß von 1866 bis 1869 auf einem Gartengelände außerhalb der Stadt ein Neubau im Rundbogenstil für die Domschule (heute John-Brinckman-Gymnasium, Haus II) entstand. Von den Wohnbauten, die nach der Beseitigung bzw. Öffnung der Tore und der gärtnerischen Umgestaltung der Wallanlagen nach 1870 entstanden, verdient als typisches Beispiel das Gebäude Ernst-Thälmann-Straße Nr. 10 Beachtung.

Nahe der Schule war schon 1860 in der heutigen Krückmannstraße Nr. 1-3 die **Krückmannsche Wohnungsstiftung** entstanden, ein zweigeschossiger, insgesamt 21 Achsen langer Backsteinbau mit einem Dreieckgiebel über den mittleren fünf Achsen. Oberflächlich betrachtet wirkt die lange Front fast barock, doch sind die Details, wie etwa die Andeutungen der Fensterverdachungen, durchaus zeitgenössisch. Der Stifter wollte mit diesem Bau minderbemittelten, kinderreichen Familien gesunde Wohnungen bieten, war doch die Innenstadt zu dieser Zeit durch die Überbauung der einst freien Hofräume in ihrem Wohnwert schon stark beeinträchtigt.

1865 begann unter Leitung des Landbaumeisters Koch die umfassende Restaurierung des Domes, die neben der baulichen Sanierung dem Bau im Sinne einer romantisierenden Denkmalpflege sein vermutetes mittelalterliches Aussehen zurückgeben sollte. So wurden beispielsweise die fürstlichen Logeneinbauten im Chor abgebrochen, während man die Renaissancegrabmäler und barocken Epitaphien unangetastet ließ. Die damaligen Veränderungen wie der Sakristeianbau und die neuen Ausstattungsstücke im Inneren (Lüttkemüller-Orgel, Kanzeldeckel, Gestühl) sind heute erhaltenswerte historische Zeugnisse.

Nachdem von 1835 bis 1843 am Schloß nur die dringendsten Sicherungsmaßnahmen erfolgt waren, begann 1863 der Schweriner Hofbaumeister Hermann Willebrand mit der Erneuerung des Mittelrisalits am Westflügel. Als nächste große Aufgabe stand die Re-

Denkmal der Befreiungskriege

staurierung des stark beschädigten Parr-schen Südwestgiebels und des zugehöri-gen Eckturmes an. Ein dazu 1869 von Willebrand vorgelegter Entwurf kam nicht zur Ausführung, weil zunächst die desolate Bekrönung des Hauptturmes in-standgesetzt wurde. 1867 übernahm der Rostocker Landbaumeister Carl Lucow die Leitung der Restaurierungsmaßnah-men; er hatte solche Aufgaben schon bei den mehr als zwei Jahrzehnte zurücklie-genden Umbau des Schweriner Schlosses wahrgenommen. Noch im gleichen Jahr erarbeitete er ein Gutachten zum Bauzu-stand des Schlosses und begann als erstes mit der Sicherung von zwei für das äuße-re Bild des Baues wichtigen Schornstei-nen auf dem Westflügel. Daran schloß

sich die längst fällige Wiederherstellung des Außenputzes an der Gartenfront des Südflügels an. Bei der Instandsetzung der sandsteinernen Hofarkaden mußte man sich aus finanziellen Gründen auf das Notwendigste beschränken und Ergän-zungen teilweise sogar in Zement ausführen. Weitere wichtige Aufgaben standen ab 1885 zunächst unter der Lei-tung des Schweriner Architekten Georg Daniel, so die Erneuerung der Hofgalerie des Nordflügels und die endlich realisier-te Restaurierung des Südwestgiebels, spä-ter unter Leitung von Landbaumeister Schlosser, der 1894 mit der Erneuerung des Brandinschen Nordgiebels die Wiederherstellung des Schlosses zu einem gewissen Abschluß brachte.

Amtsgebäude

Von der Gründerzeit bis zum Ersten Weltkrieg

Die Jahrzehnte zwischen dem Deutsch-Französischen Krieg 1870/71 und dem Ausbruch des ersten Weltkrieges 1914 veränderten die Stadt nachhaltig. In den sogenannten Gründerjahren gab es auch in Güstrow mehrere Firmengründungen oder -erweiterungen, so die Zucker-fabrik und Betriebe des Maschinenbaues und der Holzverarbeitung. Mit dem Ausbau des Hafens und der Kanalverbindung nach Bützow verbesserten sich die Transportwege für diese Unternehmen erheblich. Für 1873 sind die Gründung mehrerer Gewerkschaften und die erste öffentliche Versammlung der Sozialdemokratischen Partei überliefert. 1903 wurde die Konsumgenossenschaft in Güstrow gegründet, die ebenfalls ein Ausdruck der sich hier festigenden Arbeiterbewegung war.

Die Zunahme der Bevölkerung zeigte sich am deutlichsten im Wachsen der **Vorstädte**. Im Bereich der Mühlenvorstadt entstanden mehrere Straßenzüge mit zumeist geschlossener Bebauung. Ähnlich verlief die Entwicklung westlich der Innenstadt beiderseits der Schweriner Straße. Am Anfang des 20. Jahrhunderts näherte sich die Bebauung von Süden her der Nebel (Trotsche-straße, Hafenstraße). Um 1875 und 1880 wurde auch der nördliche und westliche Rand der Innenstadt im Bereich der Neuen Wallstraße und Bleicherstraße bebaut. Typisch sind die Villenbauten an der Bleicherstraße, so der spätklassizistisch wirkende Bau Nr. 2

mit seinem übergiebelten zweiachsigen Mittelrisalit oder die den Zugang zur nördlichen Innenstadt flankierenden gleichgestalteten Villen Bleicherstraße Nr. 8 und 9, deren prägendes Ausstattungselement die seitlich stehenden Türme mit dem flachen, überstehenden Dach sind. Der Um- und Erweiterungsbau des ehemaligen **Land- und Amtsgerichtes** am Franz-Parr-Platz in den Jahren zwischen 1877 und 1879 unter Leitung von F. E. Koch bezog die 1825 errichtete Justizkanzlei in die Neugestaltung ein und orientierte sich deshalb zwangsläufig am klassizistischen Vorbild. Infolge seiner Formenvielfalt erhielt der insgesamt 19 Achsen breite dreigeschossige Bau einen manierierten Zug. Die Platzfront wird durch einen dreiachsigen Mittelrisalit mit Lünettengiebel und nur zweigeschossige Seitenrisalite räumlich gegliedert, dazu kommt die wechselnde Behandlung des Putzes bei der Gestaltung von Erd- und Obergeschossen, der Fenster usw. Güstrow als traditioneller Sitz von hohen gerichtlichen Instanzen schien für einen solchen, mit hohem gestalterischen Aufwand errichteten und städtebaulich hervorragend plazierten Bau prädestiniert.

In den achziger Jahren des 19. Jahrhunderts kamen für das Stadtbild bedeutsame Bauten, wie die des neugotischen Wasserturmes (1882) und der Krohnschen Schule (1884), beide in der Baustraße gelegen, hinzu. Das Bild des Marktes veränderte sich zu dieser Zeit

Bleicherstraße 8 und 9

durch die bereits weiter oben besprochene Umgestaltung der Pfarrkirche in den Jahren von 1880 bis 1883 unter Leitung von Georg Daniel. Der gleiche Architekt entwarf den zwischen 1888 und 1890 auf dem Pferdemarkt errichteten Brunnen mit der Figur des Stadtgründers Heinrich Borwin II. von dem in Hamburg tätigen Bildhauer Rudolf Thiele.

Typisch für jene Jahre ist auch das 1895 errichtete Postgebäude am Pferdemarkt 56.

Wohl mit Rücksicht auf die historische Bedeutung der Stadt im 16. Jahrhundert wählte man als Vorbild Stilformen der Spätgotik und Renaissance, griff allerdings nicht auf die Güstrower Traditionen zurück, sondern verwandte solche des mitteldeutschen Raumes.

Der Bau des zwischen 1902 und 1904 errichteten Realgymnasiums »John Brinckman« Am Wall knüpft dagegen noch deutlich an die im 16. Jahrhundert in Mecklenburg entstandenen Gebäude des sogenannten »Johann-Albrecht-Stiles« an. Im Wohnhausbau hatte in der zweiten Hälfte des 19. Jahrhunderts der Historismus ebenfalls seine Anwendung gefunden, doch blieb die Zahl derartiger Neu- oder Umbauten im Stadtzentrum klein. Selbst am Markt ordneten sich solche Gebäude dem gewachsenen Erscheinungsbild unter (Nr. 18, 19).

In den Vorstädten erhielten sich mehrere Komplexe von Gebäuden aus dem frühen 20. Jahrhundert. Mischen sich bei den 1906 in der vorderen Hafenstraße errichteten Häusern noch ba-

Hafenstraße 1 ff.

Ehemaliges Hotel »Erbgroßherzog« (»Stadt Güstrow«)

rocke Elemente mit Jugendstilformen, so verkörpern die etwa gleichaltrigen Gebäude in der nahen Trotschestraße den Jugendstil in reinerer Gestalt. Wohl um 1910 wurde das Doppelhaus Ernst-Thälmann-Straße 7/8 erbaut. Bei diesen Gebäuden bleibt der Jugendstil auf den Dekor beschränkt; er zeigt sich bei den Putz- und Stuckarbeiten, an Balkongittern und Zäunen, in Glasfenstern und bei Holzschnitzereien an Türen und Paneelen.

Die im ausgehenden 19. Jahrhundert aus dem Protest gegen die historische Überformung der Stadt- und Dorfbilder erwachsene »Heimatbewegung«, die im Bauen den Rückgriff oder die Anpassung an regionale Überlieferungen forderte, hat auch in Güstrow an mehreren Gebäuden ihren Niederschlag gefunden. Besonders deutlich manifestiert sie sich in den Bauten des Architekten Adolf

Lintz, beispielsweise Neue Straße Nr. 27a und Schweriner Straße Nr. 82. Obwohl zwischen beiden Häusern, die 1903 bzw. 1912 entstanden, fast ein Jahrzehnt liegt, sind sie in der Tendenz gleich, in dem sie Putz- und Fachwerkbau miteinander verbinden. Die Fachwerkteile weisen mit den Fächerrosetten bzw. den geschnitzten Balkenköpfen unzweifelhaft auf die Güstrower Bautradition aus dem 16. Jahrhundert hin.

Ohne direkten Bezug zur historischen Architektur der Stadt ist der 1911/12 im Nordwesten des Marktes errichtete Hotelbau des »Erbgroßherzogs« (heute »Stadt Güstrow«) von Walter Butzek, einem später vor allem in Rostock tätigen Architekten. 1925 ist das Gebäude um einen Anbau mit Konzertsaal nach Entwürfen von Martin Eggert erweitert worden.

n der ersten Hälfte der zwanziger Jahre
etzte eine erneute räumliche Erweiterung der Stadt ein, so im Süden entlang
der Goldberger Straße, im Nordosten in
der heutigen Neukruger Straße in Rich-
ung auf den 1913 gegründeten Orts-
eil Dettmannsdorf und später auch
m Westen nördlich der Schweriner
Straße.

Für die zwanziger und frühen dreißi-
ger Jahre sind solche Bauten wie der
Wasserturm (1928) nach einem
Entwurf von Martin Eggert in der Süd-
stadt, die katholische Kirche »Mariae
Himmelfahrt« (1928/29) nach einem
Entwurf von Paul Korff in der Grünen
Straße, die ehemalige Knabenvolks-
schule (»Wossidlo-Oberschule«) in der
Hafenstraße, die ehemalige Kongreß-
halle (Sporthalle »Rudolf Harbig«) in
der Speicherstraße und das Kinder- und
Säuglingsheim in der Goldberger Straße
typische Beispiele.

Das Bestreben, konstruktiv bedingte
Formen in eine ästhetisch ansprechende
Gestaltung umzusetzen, verkörpert ein-
drucksvoll die Katholische Kirche. Hinter ihrem in Klinkern errichteten
Stufengiebel verbirgt sich das als Drei-
gelenkbinderkonstruktion errichtete
Dach. Seine Konstruktion ist im Inneren voll sichtbar und prägt den Raum
ebenso stark wie der elliptisch gestaltete
Triumphbogen oder die Lichtführung
im Altarraum.

In die ersten Jahrzehnte des 20. Jahrhunderts fällt der Aufenthalt von **Ernst**
Barlach in Güstrow. Der 1870 in
Wedel (Holstein) geborene Bildhauer,
Graphiker und Dramatiker kam nach
Studienjahren in Hamburg und Dresden, Aufenthalten in verschiedenen
Städten und einer für sein gesamtes spä-
teres Schaffen bedeutsamen Rußlandreise im Jahre 1906 zum ersten Mal
besuchsweise 1908 in die mecklenburgische Stadt, um seine hier lebende Mutter und den Bruder Nikolaus zu besu-
chen. 1910 verließ er Berlin in der
Absicht, Güstrow zu seinem Zweit-
wohnsitz zu machen, doch wurde die
Stadt bald zu seiner Heimat und blieb
Wohn- und Arbeitsort bis zu seinem
Tod im Jahr 1938. Die Ausstrahlungs-
kraft Güstrows, die norddeutsche Landschaft, die Mentalität der Mecklenburger und ein kleiner Freundeskreis, u. a.
Friedrich Schult und das Ehepaar Böh-
mer, haben ihn zu dieser Entscheidung
bewogen. Barlach wohnte in Güstrow
an mehreren Stellen, bevor ihm 1930
ein Auftrag der Schauspielerin Tilla
Durrieux finanzielle Einkünfte verhieß,
die ihn zum Bau eines eigenen Hauses
bewogen. Er wählte für sein **Atelier-**
Wohnhaus, dessen Projekt der Güstrower Architekt Adolf Kegebein schuf, ein
Grundstück neben dem Böhmerschen
Haus am Ostufer des Inselsees in den
Heidbergen. Das 1931 fertiggestellte
Haus hat Kegebein wie viele seiner
Häuser in der Stadt als Klinkerbau konzipiert. Im Sinne der Zeit ist auf jeg-
lichen Dekor verzichtet und allein die

funktionell bedingte Anordnung der Räumlichkeiten als wichtig angesehen worden. Dominierend ist das Atelier am südlichen Ende des Winkelbaues mit der großen mehrteiligen Tür zum Hof und den hochliegenden Fenstern an der südlichen Längs- und westlichen Schmalseite. An einen niedrigeren Verbindungstrakt schließt sich rechtwinklig das eingeschossige Wohnhaus mit ausgebautem Dachgeschoß an. Seine Betonung erhält es durch einen zur Hofseite halbrund vorspringenden Erker mit Altan. Während Barlach das Atelier für seine Arbeit nutzte, behielt er die Wohn- und Arbeitsräume im benachbarten Böhmerschen Haus auch nach der Fertigstellung seines Hauses bei.

In Güstrow selbst wurde der Künstler zu seinen Lebzeiten vor allem durch das **Ehrenmal für die Gefallenen des Ersten Weltkrieges** im Dom bekannt.

Katholische Kirche, Hauptfront

Wasserturm

Es ist das einzige von mehreren ähnlichen Projekten für mecklenburgische Städte, das verwirklicht wurde. Dafür waren wohl auch die freundschaftlichen Beziehungen zu dem Domprediger Schwartzkopff mit ausschlaggebend. Barlach kam im Jahre 1926 über verschiedene Vorentwürfe zur Idee der schwebenden Gestalt, die im Inneren der Kirche als Ehrenmal ihren Platz finden sollte. Das Bildwerk selbst wurde 1927 in Berlin gegossen und in der Nordkapelle des Domes, die damals noch nicht vom Langhaus durch die spätere Verglasung abgetrennt war, über einer Bodenplatte und dem schmiedeeisernen Gitter der Taufe aus dem 17. Jahrhundert aufgehängt.

Obwohl das Güstrower Ehrenmal nicht jene Diskussion hervorrief wie zwei Jahre später das im Dom zu Magdeburg, ruhten während der faschistischen Ära auch in Güstrow jene Kräfte nicht, die das Mal des inzwischen als

Katholische Kirche, Inneres zum Altar

»entartet« gebrandmarkten Künstlers als undeutsch diffamierten und 1937 seine Entfernung aus dem Dom durchsetzten. Es wurde später eingeschmolzen, doch war es nach dem zweiten Weltkrieg möglich, einen Neuguß nach dem Exemplar in der Kölner Antoniterkirche herzustellen und ihn wieder im Dom aufzuhängen.

Ein kleiner Kruzifixus in der Nordkapelle des Domes aus dem Jahre 1928, ein schon 1925 geschaffenes Terrakottarelief mit der in Seitenansicht wiedergegebenen Halbfigur eines die Hände betend erhobenen Mannes (»Apostel«), das ebenfalls im Dom aufbewahrt wird, und ein 1933 entstandenes Relief mit der knienden Gestalt eines Engels

(»Engel der Hoffnung«) in der Pfarrkirche sind weitere Arbeiten Barlachs. In seinen Güstrower Jahren hat Barlach seine bedeutendsten Arbeiten geschaffen und sich an mehreren Ausstellungen beteiligt.

In den frühen dreißiger Jahren mehrten sich Angriffe auf sein Werk. Nach der Machtergreifung der Faschisten kam es zur Entfernung seiner Werke aus den öffentlichen Sammlungen bzw. von ihren angestammten Plätzen in den Kirchen oder städtischen Freiräumen. Der gedemütigte und von Krankheit gezeichnete Künstler starb am 24. Oktober 1938 in einer Rostocker Klinik und fand seine letzte Ruhestätte in Ratzeburg, der Stadt seiner Kindheit.

Atelierhaus E. Barlachs, Ansicht von Südosten

Blick in das Atelier Barlachs, im Vordergrund »Der singende Mann«. Bronze, um 1930

Einer breiteren Öffentlichkeit ist das Werk Ernst Barlachs erst nach dem Ende des zweiten Weltkrieges bekannt geworden. Ersten Ausstellungen folgte 1953 die Einrichtung einer ständigen Exposition mit seinen Arbeiten in der Gertrudenkapelle in Güstrow. Diese seinerzeit von Barlach als eine Art Wunschatelier angesehene spätgotische Friedhofskapelle wurde mit Werkmodellen, Holz- und Bronzeplastiken sowie einigen Arbeiten in keramischem Material ausgestattet.

Indem seine Arbeiten das Zufällige vermeiden, schlicht und tektonisch und in einer festgefügten Grundform angelegt sind, werden sie im eigentlichen

Güstrower Ehrenmal im Dom »Schwebender« von E. Barlach. Bronze, 1926/27

Sinne monumental; sie vereinen Körperlichkeit und Bewegung mit einem verinnerlichten Ausdruck. Barlach sah sich damit selbst in der Tradition der norddeutschen Bildhauerei. Ihrem Vorbild folgte er auch mit solchen Werken, die in engem Bezug zur Architektur stehen sollten, wie dem »Geistkämpfer«, der »Gemeinschaft der Heiligen« oder dem Güstrower »Schwebenden«.

Barlachs künstlerischer Werdegang verlief von einer Frühphase, in der er zeitgenössische Stilströmungen reflektierte, über das Erlebnis der Rußlandreise, die ihm den Blick für die schlichte und einfache Form und den bäuerlichen Menschen als Darstellungsgegenstand öffnete, hin zu einer unverwechselbaren eigenen Formensprache.

Seit 1978 ist auch das **Barlach-Haus am Heidberg** für die Öffentlichkeit als Teil der Ernst-Barlach-Gedenkstätte Güstrow zugänglich. Während der große Atelierraum im wesentlichen in der überkommenen Gestalt beibehalten wurde, sind die angrenzenden Räume für Ausstellungen umgestaltet worden. Damit wird zum einen konservatorischen Gründen Rechnung getragen, zum anderen ergibt sich die Möglichkeit, aus dem im Hause lagernden Fundus an plastischen Arbeiten, Zeichnungen, Skizzenheften u. a. Wechselausstellungen zu gestalten. Auch der literarische Nachlaß Ernst Barlachs wird von verschiedenen Bühnen durch Aufführungen seiner Dramen gepflegt. In Güstrow erhielt 1957 das Theater den Namen des Künstlers.

Mit der kampflosen Übergabe der Stadt an die Rote Armee am 2. Mai 1945 endete in Güstrow die Zeit des so genannten Dritten Reiches. Mit dieser

Tat konnte die Stadt mit ihren wertvollen Kunstwerken und Architekturdenkmalen vor einer möglichen Zerstörung bewahrt werden. Der Friedhof mit den Gräbern der im Güstrower Raum gefallenen Sowjetsoldaten an der äußeren Plauer Chaussee erinnert bis heute an die Endphase des zweiten Weltkrieges. Bereits wenige Wochen nach Ende des Krieges öffnete in der zweiten Maihälfte das Theater wieder seine Pforten und zum 7. Todestag von Ernst Barlach am 24. Oktober 1945 fand in der Stadt seines langjährigen Wirkens eine öffentliche Gedenkveranstaltung statt. In den folgenden Jahren und Jahrzehnten veränderte die Stadt ihr Profil nachhaltig, vor allem durch die Vergrößerung oder Neuanlage von Betrieben. 1951 wurde mit dem Bau eines großen Schulkomplexes für gehörgeschädigte Kinder begonnen und das nach dem Krieg in den Gebäuden der ehemaligen Luftwaffenschule eingerichtete Institut für Lehrerbildung wurde 1972 in eine Pädagogische Hochschule umgewandelt. Bedeutsam für die Stadt waren auch der Ausbau der medizinischen Einrichtungen sowie der Bau einer stadtnahen Umgehungsstraße im Südosten und einer Brücke über das Bahngelände, die eine spürbare Entlastung der Innenstadt vom Durchgangsverkehr brachten. Am nachhaltigsten aber veränderte der Wohnungsbau das äußere Bild der Stadt. Im Jahr 1955 wurden zunächst 27 Wohnungen gebaut; im gleichen Jahr entstand die erste Arbeiterwohnungsbaugenossenschaft. 1958 setzte die Bebauung im Bereich der späteren Südstadt an der Goldberger Straße gegenüber dem damaligen Institut für Lehrerbildung ein. Das Wohngebiet

Ernst Barlach, »Das Wiedersehen«. Stukko, 1926, Gertrudenkapelle

wurde für insgesamt 16 000 Einwohner ausgelegt. Die zeitliche Abfolge des Baugeschehens ist an den bautechnologischen und gestalterischen Unterschieden gut ablesbar. Begonnen wurde mit Gebäuden in monolithischer Ausführung, seit 1961 folgten Blocks in Plattenbauweise und südwestlich der Clara-Zetkin-Straße sind in einem dritten Bauabschnitt zwischen 1979 und 1984 fünfgeschossige Wohnbauten in industrieller Bauweise entstanden. Diese Technologie ließ praktisch keine individuellen Gestaltungsmöglichkeiten mehr zu und selbst gesellschaftliche Einrichtungen wie die Geschäfte, Schulen, Kindergärten und die Schwimmhalle blieben auf die städtebauliche Situation ohne Auswirkung. Die Uniformität wiederholt sich in dem ebenfalls noch in der DDR-Zeit im Norden der Stadt begonnenen Wohngebiet »Distelberg«. Im Bereich der historischen Innenstadt war der Wohnungsneubau auf wenige Standorte beschränkt geblieben. Für das städtebauliche Gesamtkunstwerk hatte der Erhalt der größtenteils denkmalswerten Substanz Priorität, doch scheiterten mehrere Versuche, qualitätvolle Ersatzbauten in das historische Umfeld der Innenstadt einzugliedern, an fehlenden Baukapazitäten und der materiellen Basis. Gerade hier wurden die Auswirkungen der auf eine vollständige Durchsetzung industrieller Bauweisen ausgerichteten Baupolitik der DDR, die mit der bewußten Zerstörung einer über Jahrhunderte gewachsenen Struktur der Bauwirtschaft und anderer von ihr abhängiger Bereiche verbunden war, deutlich.

Lückenschließungen wie etwa in der Mühlenstraße 18 mit einer individuell gestalteten Fassade blieben die Ausnahme und auch bei Neubauten wie an der Hageböcker Mauer hat man die gestalterischen Möglichkeiten bei weitem nicht ausgeschöpft. Katastrophal aber waren »Kahlschläge« von Straßenbereichen, wie sie beispielsweise in der Hollstraße und einem Teil des Grünen Winkels erfolgten. In der Hollstraße wurde ein großes Stück der südlichen Straßenbebauung abgebrochen, als Ersatz errichtete man in offener Bauweise mehrere aus der Straßenflucht zurückgesetzte, in ihrer ästhetischen Gestaltung völlig unbefriedigende Neubauten, die Fremdkörper im Organismus der Stadt sind. Am Grünen Winkel zeigten sich ähnliche Tendenzen. Im südlichen

Bereich der Langen Straße bedurfte es erheblicher Anstrengungen von Städtebauern und Denkmalpflegern, um bei der hier entstandenen Neubebauung solche gravierenden Fehler zu vermeiden. Mit der Beibehaltung der Baufluchten und einer Mischbauweise ist das in einer für die damaligen Verhältnisse möglichen Form gelungen.

Von den öffentlichen Bauten aus der Zeit nach dem Zweiten Weltkrieg sind einige erwähnenswert. Der schon genannte Neubau der Gehörlosenschule Plauer Chaussee 6, der von 1951 bis 1958 nach Entwürfen von Hans Hermann Schreiber erfolgte, darf heute schon als exemplarisches Beispiel für das bauliche Schaffen der fünfziger Jahre Denkmalschutz beanspruchen. Der umfangreiche Komplex der Schule mit angeschlossenem Internat ist als U-förmige Anlage aus dreigeschossigen Putzbauten mit niedrigeren Verbindungstrakten angelegt; Mittelpunkt ist ein überhöhter Verwaltungsbau mit übergiebeltem Risalit, Freitreppe, Foyer und Aula. Auch das Filmtheater »Schauburg« in der Eisenbahnstraße 16 hat bereits Aufnahme in die Denkmalliste gefunden. Der monolithisch errichtete Bau wurde 1959/60 nach einem Entwurf von Eva-Maria Hetzer errichtet und unterstrich insbesondere durch die gediegene Ausgestaltung des Inneren den hohen Stellenwert, den der Film im kulturellen Leben jener Jahre einnahm. Für die Erweiterung der Bauten im Bereich der heutigen Verwaltungs-Fachhochschule an der Goldberger Straße waren Stil und Material durch die übernommenen Gebäude der Luftwaffenschule aus den späten dreißiger Jahren in gewisser Weise vorgegeben und wie die im wesentlichen zwischen 1952 und 1962 von Schreiber errichteten Bauten erkennen lassen, auch unter den damaligen Bedingungen nachvollziehbar.

Die Bemühungen zur Pflege des künstlerischen und historischen Erbes führten u. a. 1955 zur Neueinrichtung des Stadtmuseums im Barockhaus Franz-Parr-Platz 7. 1985 wurde ihm das museal genutzte und zuvor rekonstruierte Geburtshaus von Kersting in der Hollstraße 6 als Außenstelle angegliedert.

Nicht zuletzt haben die denkmalpflegerischen Leistungen der zurückliegenden Jahrzehnte trotz mancher Rückschläge und unerfüllt gebliebener Hoffnungen dazu beigetragen, die Attraktivität der Stadt als Zentrum von Geschichte, Kultur und Kunst zu erhalten und zu steigern. Das fand seinen Ausdruck auch in der Aufnahme des Altstadtkernes in die 1979 beschlossene Zentrale Denkmalliste der DDR.

Die nach dem Oktober 1989 auch in Güstrow begonnenen Untersuchungen zum Erhaltungszustand der innerstädtischen Bausubstanz haben einen erheblichen Nachholebedarf bei der Sanierung und Restaurierung der überwiegend denkmalwerten Bauten erkennen lassen. Es wird der Zusammenarbeit von Architekten, Städtebauern und Denkmalpflegern bedürfen, um die Substanz vor weiteren Schäden zu bewahren und gleichzeitig zu verhindern, daß vordergründig marktwirtschaftliche Interessen dazu führen, daß das in einer vielhundertjährigen Entwicklung geformte, unverwechselbare Erscheinungsbild der Stadt Schaden nimmt. Nur so wird es möglich sein, Güstrow als eine der schönsten Städte Mecklenburg-Vorpommerns zu erhalten.

Verwaltungs-Fachhochschule Goldberger Straße, Hörsaalbau

Südstadt, zentraler Bereich im 3. Bauabschnitt

Gehörlosenschule Plauer Chaussee, Mittelbau

Die folgende Zusammenstellung erhebt keinen Anspruch auf Vollständigkeit, insbesondere sind aus den Jahrbüchern des Vereins für mecklenburgische Geschichte und Altertumskunde, 1. bis 104. Jahrgang, Schwerin 1835 bis 1940, nur die unmittelbar interessierenden Beiträge aufgeführt.

BIBLIOGRAPHIEN UND INVENTARE

DEHIO, Georg: Handbuch der deutschen Kunstdenkmäler. Die Bezirke Neubrandenburg, Rostock, Schwerin. Berlin 1980[2]

FRÜNDT, Edith: Bibliographie zur Kunstgeschichte von Mecklenburg und Vorpommern. Berlin 1962

HEESS, Wilhelm: Geschichtliche Bibliographie von Mecklenburg, 1. bis 3. Teil. Rostock 1944

SCHLIE, Friedrich: Die Kunst- und Geschichts-Denkmäler des Großherzogthums Mecklenburg-Schwerin, IV. Band. Schwerin 1901[2]

LITERATUR ZUR GESCHICHTE MECKLENBURGS UND GÜSTROWS

AUTORENKOLLEKTIV: 725 Jahre Stadt Güstrow 1228 – 1953. Güstrow 1953

AUTORENKOLLEKTIV: Güstrow 1228 – 1978. Beiträge zur Geschichte der Stadt. Güstrow 1978

BESSER, Friedrich: Beiträge zur Geschichte der Stadt Güstrow. 1. bis 3. Heft. Güstrow 1819 – 1823

HAMANN, M.: Mecklenburgische Geschichte. Von den Anfängen bis zur Landesständischen Union von 1523. Köln-Graz 1968

HOFFMANN, Karl: Die Stadtgründungen Mecklenburg-Schwerins in der Kolonisationszeit vom 12. bis 14. Jahrhundert (auf siedlungsgeschichtlicher Grundlage). In:

Jbb. d. Vereins f. meckl. Gesch. u. Altertumskunde. Band 94, 1930, S. 1 ff.

KRÜGER, Karl: Die Verfassungsgeschichte der Stadt Güstrow bis zum Anfang des 16. Jahrhunderts. Phil. Diss. Rostock. Schwerin 1933

MASTALER, Wilhelm: Aus der Gründungszeit der Stadt Güstrow. In: Informationen des Bezirksarbeitskreises für Ur- und Frühgeschichte Schwerin. Heft 24, 1984, S. 68 ff.

RAABE, Wilhelm: Mecklenburgische Vaterlandskunde. Sonderdruck Güstrow. Wismar/Ludwigslust 1856

SCHMALTZ, Karl: Kirchengeschichte Mecklenburgs. Band 1 bis 3. Schwerin/Berlin 1935/36 und 1952

LITERATUR ZUR ALLGEMEINEN KUNSTGESCHICHTE UND ZUR KUNSTGESCHICHTE MECKLENBURGS UND GÜSTROWS

AUTORENKOLLEKTIV: Das Schloß Güstrow. Ein Beitrag zur Kultur- und Landesgeschichte in Mecklenburg. Schwerin o. J.(1972)

AUTORENKOLLEKTIV: Georg Friedrich Kersting 1785 – 1847. Güstrow 1985

BAIER, Gerd: Deutsche Kunstdenkmäler. Ein Bildhandbuch. Mecklenburg-Vorpommern, Rostock, Schwerin. Leipzig 1992[2]

DERS.: Stuckdekor und Stukkateure des 16. und 17. Jahrhunderts im Schloß Güstrow. In: Mitteilungen des Instituts für Denkmalpflege, Arbeitsstelle Schwerin, an die ehrenamtlichen Vertrauensleute für Denkmalpflege in den Bezirken Rostock, Schwerin, Neubrandenburg. Nr. 19, 1970, S. 105 ff.

DERS. und Johannes VOSS: Zur wiederentdeckten Ausmalung eines Turmkabinetts im Güstrower Schloß. In: Mitteilungen

des Instituts für Denkmalpflege …
Nr. 22, 1973, S. 212 ff.
DERS.: Dom und Pfarrkirche zu Güstrow
(= Das christliche Denkmal, Heft 17/17
A). Berlin 1979
DERS.: Evang. Stadtpfarrkirche St. Marien
zu Güstrow (= Schnell-Kunstführer Nr.
1898). München 1991
BAST: Güstrow um 1800. Baugeschichtliche
Betrachtungen. In: Mecklenburgische
Monatshefte 1928, S. 610 ff.
BLASCHKE, Bärbel: Denkmale in der Stadt
Güstrow. Güstrow 1977²
BOSINSKI, Gerhard: Dom des Nordens,
Berlin 1963²
DERS.: Güstrow und seine Kirchen.
Berlin 1982²
BURMEISTER, Werner: Mecklenburg
(= Deutsche Lande Deutsche Kunst).
Berlin 1926
CLASEN, Karl-Heinz: Die Baukunst an der
Ostseeküste zwischen Elbe und Oder.
Dresden 1955
EBERT, Matthias: Renaissanceschloß
Güstrow. Schwerin o. J. (1985)
EHRHARDT, Günter: Städtisches Fachwerk in
Mecklenburg. In: Mitteilungen des Insti-
tuts für Denkmalpflege … Nr. 31, 1986,
S. 679 ff.
FAIT, Joachim: Das Belvedere auf dem südli-
chen Treppenturm des Güstrower Schlos-
ses. In: Mitteilungen des Instituts für
Denkmalpflege … Nr. 24, 1976, S. 320 ff.
FISCHER, Curt: Das Schloß zu Güstrow. In:
Mecklenburg 34, 1939, S. 30ff.
FRÜNDT, Edith: Der Güstrower Altar (Stadt-
pfarrkirche). Leipzig 1964
GEHRIG, Oscar: Das Schloß zu Güstrow –
ein Hauptwerk der Renaissance in
Deutschland. Güstrow 1921
DERS.: Güstrow (= Deutsche Lande Deut-
sche Kunst). Berlin 1928
GERNENTZ, Wilhelm: Studien zur

Baugeschichte des Güstrower Schlosses.
Güstrow 1963
HAHR, August: Die Architektenfamilie Parr.
Straßburg 1908
HAUPT, Albrecht: Baukunst der Renaissance
in Frankreich und Deutschland. Erster
und Zweiter Teil. Berlin/Neubabelsberg
1923
JANSEN, Elmar: Barlach und Güstrow. In:
Ernst-Barlach-Gedenkstätte der DDR,
Güstrow, Atelierhaus am Heidberg. O. J.
(1978)
DERS.: Ernst Barlach. Werke und Werkent-
würfe aus fünf Jahrzehnten. Veröffentli-
chungen der Akademie der Künste der
DDR in Zusammenarbeit mit den Staatli-
chen Museen zu Berlin, Kataloge I, II, III.
Berlin o. J.
(1982²)
JOSEPHI, Walter: Die Güstrower Dom-
apostel. Rostock 1931
KOCH, F. E.: Zur Baugeschichte des Domes
in Güstrow. In: Jbb. d. Vereins f. meckl.
Gesch. u. Altertumskunde. Band 56,
1891, S. 63 ff.
DERS.: Ein Giebelhaus der Frührenaissance
in Güstrow. In: Jbb. d. Vereins f. meckl.
Gesch. u. Altertumskunde. Band 58,
1893, S. 97 ff.
KOCH, Georg Friedrich: Studien zum
Schloßbau des 16. Jahrhunderts in Mit-
teldeutschland. In: Beiträge zur Kunstgeschichte. Festgabe für H. R. Rosemann
zum 9. Oktober 1960. München/Berlin
1960, S. 155 ff.
KÖHLERT, Lutz: Die klassizistischen Bürgerbauten in Güstrow und der Maurermeister David Anton Kuhfahl. Phil. Diss.
Greifswald 1957 (Masch.-Schr.)
KOVALEVSKI, Bärbel: Franz Parr – Architekt
und Baumeister des Schlosses Güstrow.
In: Neue Museumskunde. Jg. 27, 1984,
S. 43 ff.

KRÜGER, Renate: Die nordostdeutsche Ta-
felmalerei des späten Mittelalters. Phil.
Diss. Greifswald 1966 (Masch.-Schr.)
LESENBERG, Wilhelm: Das Schloß Güstrow.
Schwerin 1911
LORENZ, Adolf Friedrich: Der Dom zu Gü-
strow (= Das christliche Denkmal, Heft
17). Berlin 1955
MICHAILOFF, Ingeborg: Der Altar von Jan
Borman in der Pfarrkirche in Güstrow
und seine Wiederherstellung.
In: Denkmalpflege in Mecklenburg.
1951/52.
Dresden o. J. (1952), S. 157 ff.
MIELKE, Friedrich: Die Geschichte der deut-
schen Treppen. Berlin/München 1966
ORTWEIN, A., und A. SCHEFFERS: Deutsche
Renaissance. Band VIII: A. Scheffers: Die
Renaissance in Mecklenburg. Leipzig
1888
SCHAEFER, Karl: Claus Berg aus Lübeck. In:
Jahrbuch der preußischen Kunst-
sammlungen. Berlin 1918
SCHMALTZ, Karl, und Oscar GEHRIG: Der
Dom zu Güstrow in Geschichte und
Kunst. Güstrow 1926
SCHULT, Friedrich: Ernst Barlach – Das
Denkmal für die Gefallenen im Güstro-
wer Dom. In: Mecklenburgische
Monatshefte 1927, S. 365 ff.
SCHWARZER, Fritz, und Bärbel BLASCHKE,
Matthias EBERT: Renaissanceschloß Gü-
strow, Schwerin o. J. (1976)
THIELE, Gustav: Der Hoch-Fürstlichen
Domkirchen zu St. Caecilien in Güstrow
Fünfhundert Jähriges Alter.
Rostock 1726
VOSS, Johannes: Zur Ausmalung eines
Turmkabinettes im Güstrower Schloß.
In: Neue Museumskunde. Jg. 27,
1984, S. 46 ff.
ZANDER, Dieter, und Horst ENDE: Drei
Städte – Drei Schlösser. Städtebauliche
Einbindung und gesellschaftliche
Erschließung der Schlösser in Güstrow,
Ludwigslust und Schwerin. In: Denkmal
in Mecklenburg. Weimar 1978³, S. 160 f
ZASKE, Nikolaus: Gotische Backsteinkirche
Norddeutschlands zwischen Elbe und
Oder. Leipzig 1968

Für weiterführende Sachinformationen
dankt der Verfasser seinen Kollegen im Lan
desamt für Denkmalpflege. Zu besonderem
Dank ist er auch Herrn Jürgen Höhnke in
Güstrow für manchen Hinweis verpflichtet.

Ergänzender Bildnachweis
Sächsische Landesbibliothek Dresden, Abt. Deutsche Fotothek:
Seite 26 und 27
Den Plan und die Grundrisse zeichnete Frau Helga Paditz, Leipzig
Die Rechte für die Werke von E. Barlach liegen bei
Ernst und Hans Barlach Lizenzverwaltung Ratzeburg

Die Deutsche Bibliothek – CIP-Einheitsaufnahme

Güstrow/Horst Ende.
1. Aufl.-Leipzig: Seemann, 1993
(Berühmte Kunststätten)
ISBN 3-363-00505-9
NE: Ende, Horst

1. Auflage
Reihengestaltung: Petra Lurette Oberberg, Leipzig
Printed in Germany
Gesamtherstellung: Messedruck Leipzig GmbH

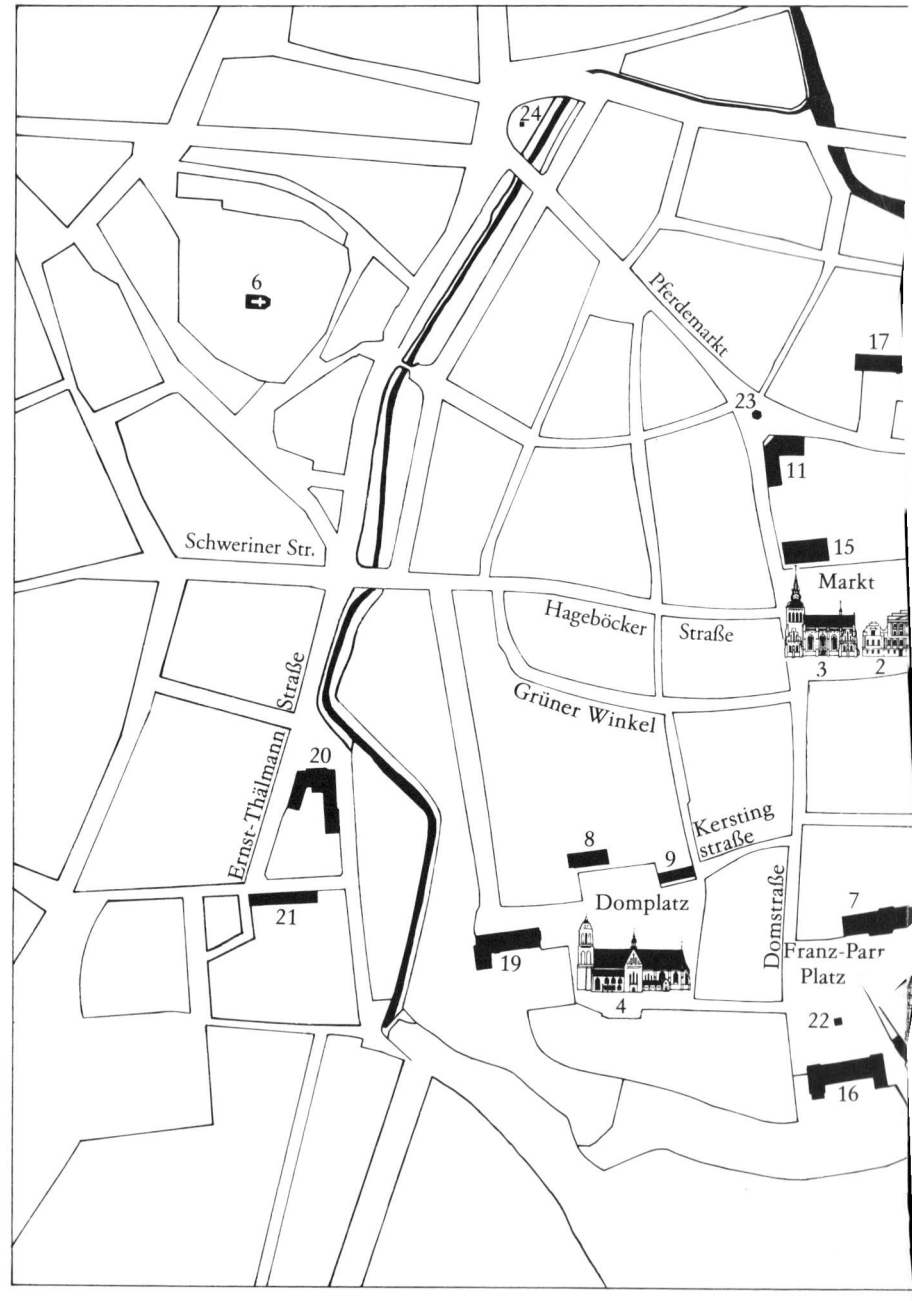

24

6

Pferdemarkt

17

23

11

Schweriner Str.

15

Markt

Hageböcker   Straße

3   2

Grüner Winkel

Straße

Ernst-Thälmann

20

Kersting
straße

8

9

Domstraße

7

21

Domplatz

Franz-Parr
Platz

19

22

4

16

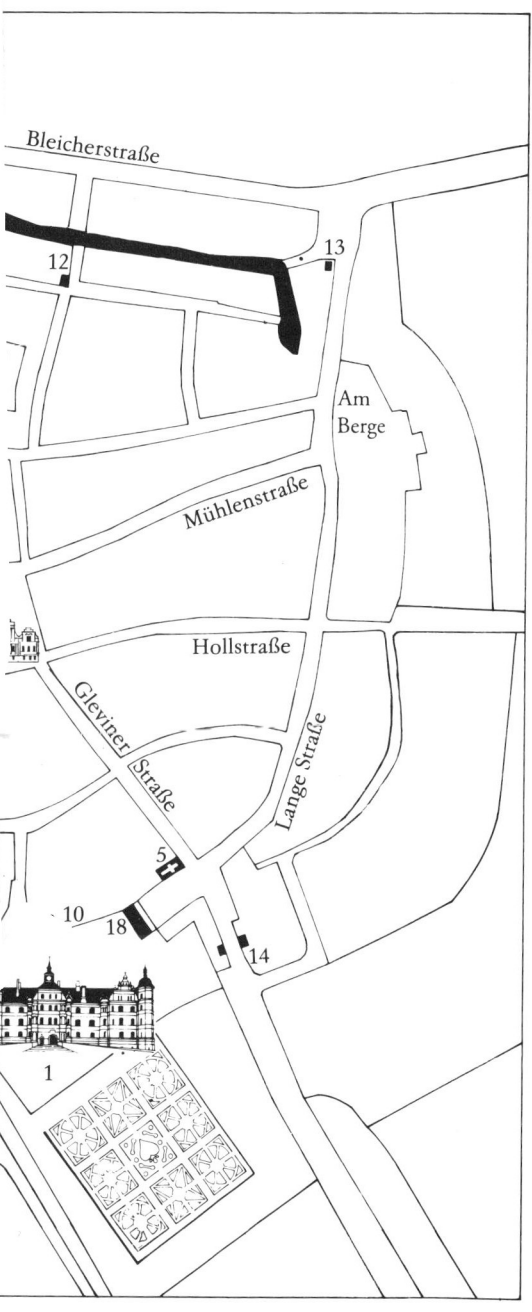

GÜSTROW

1 Schloß
  mit Torhaus und Garten
2 Rathaus
3 Pfarrkirche
4 Dom
5 Heilig-Geist-Kapelle
6 Gertrudenkapelle auf
  dem Gertrudenfriedhof
7 Ernst-Barlach-Theater
8 ehemaliges Logengebäude
9 Domschule
10 Wollmagazin
11 Hauptpostamt
12 Armsünderturm
13 Mühlentor
14 Gleviner Tor
15 Hotel »Stadt Güstrow«
16 ehemalige Justizkanzlei
17 ehemaliges Amtsgebäude
   am Klosterhof
18 Goethe-Realschule
19 John-Brinckman-
   Gymnasium, Haus I
   Am Wall
20 John-Brinckman-
   Gymnasium, Haus II
   am Goetheplatz
21 Krückmannsche
   Wohnungs-Stiftung,
   Krückmannstraße
22 Denkmal der
   Befreiungskriege
23 Borwin-Brunnen
24 Brinckman-Brunnen